Jesús
el Esenio

4ª edición: junio 2023

Título original: THE ESSENE JESUS
Traducido del inglés por Irma Sofia Rodríguez
Diseño de portada: María Pérez Aguilera

EDITORIAL SIRIO, S.A.
C/ Rosa de los Vientos, 64
Pol. Ind. El Viso
29006-Málaga
España

www.editorialsirio.com
sirio@editorialsirio.com

I.S.B.N.: 978-84-7808-745-7
Depósito Legal: B-38.100-2010

Impreso en Imagraf Impresores, S. A.
c/ Nabucco, 14 D - Pol. Alameda
29006 - Málaga

Impreso en España

Puedes seguirnos en Facebook, Twitter, YouTube e Instagram.

EDMOND BORDEAUX SZÉKELY

Jesús el Esenio

Una reevaluación de los Rollos del Mar Muerto

EDITORIAL SIRIO

H. PISAN.

Los Maestros de la Humanidad

Disertación realizada en 1940, en la escuela esenia de La Puerta, Baja California.

Así como la vida de los océanos no es gobernada por las olas de la superficie, sino por las poderosas corrientes existentes en las profundidades, sobre las que descansan enormes montañas de agua, del mismo modo, la historia del género humano no se basa en sus reyes y princesas, ni en la gloria y la caída de los imperios, sino en la sucesión de las grandes revelaciones recibidas por la humanidad.

Según las tradiciones esenias, el primer maestro conocido de la humanidad fue Enoch, fundador de la Hermandad Esenia, quien enseñó cómo unir la mente humana con el océano cósmico de pensamiento, infinito y eterno. Luego vino el sumerio

Zaratustra, con sus enseñanzas sobre el Asha, el orden cósmico. Después de él, Moisés, quien bajó del monte Sinaí y obtuvo las tablas que contenían las comuniones esenias con los ángeles.

Otro eslabón fueron las enseñanzas de Buda, quien en la India, puso en movimiento la rueda cósmica de la vida. Por último surgió la Hermandad Esenia del Mar Muerto, donde creció el árbol esenio de la vida, cuya rama más importante está representada por el esenio Jesús, el último y, por consiguiente, el más cercano a nosotros de todos los grandes maestros de la humanidad. La quintaesencia de su revelación está manifestada en el Sermón de la Montaña.

¿Por qué es necesario que cada pocos miles de años un gran maestro deba venir a la humanidad? ¿Será porque las enseñanzas de sus predecesores estuvieron incompletas o fueron insuficientes? ¿Es el último maestro superior a los anteriores, o al contrario? Para comprender la esencia del Sermón de la Montaña y el rol que juega Jesús el Esenio, debemos responder a estas preguntas.

De acuerdo a las tradiciones esenias, cada uno de los grandes maestros de la humanidad nos reveló la verdad completa y absoluta, pues las leyes de la vida y del universo han sido, son y serán siempre las mismas.

Desde el punto de vista esenio, las revelaciones de cada maestro tienen dos aspectos: uno interno o esotérico y otro externo o exotérico. El valor y alcance de la revelación de cada gran maestro no está limitado por él mismo con todo su infinito conocimiento, sino por la capacidad de sus discípulos y seguidores para entender sus enseñanzas.

En todas las épocas, los grandes maestros han aportado conocimientos muy completos acerca de las leyes de la vida y del universo. Esta información ha sido transmitida a sus discípulos, los cuales representan una minoría cuya evolución personal les permitió asimilar las enseñanzas de su maestro en su totalidad.

Ésta es una realidad que aún se mantiene, ya que sólo una minoría es capaz de entender los distintos aspectos de la verdad. Es por esto que cada gran maestro hizo sus revelaciones en forma esotérica, para que estas verdades fueran absolutas, multifacéticas, ilimitadas y universales, y al mismo tiempo las hizo de un modo exotérico, adaptado al grado de comprensión de las masas de su época. Esta enseñanza exotérica, de fácil comprensión para las multitudes, llegó a ser el pensamiento de millones de personas, entre quienes fue propagada, aunque en la expansión de esta verdad, una parte de la profundidad de la revelación tuvo que ser sacrificada. La grandeza de cada maestro residía en su habilidad para revelar exactamente lo que las multitudes necesitaban y podían entender y seguir. La adaptación de estas grandes enseñanzas universales a una época en particular es una tarea de primera magnitud.

En lo que respecta a la enseñanza esotérica, la genialidad de los grandes maestros de la humanidad fue su habilidad para elegir de entre la multitud a los pocos que tenían el necesario nivel de evolución individual para comprender, vivir y practicar las revelaciones que recibieran.

La esencia del Sermón de la Montaña está contenida en los primeros nueve versos, dos de los cuales son introductorios, y el resto lo componen las siete Bienaventuranzas. Vamos a considerarlos desde un punto de vista universal como un resumen de lo dicho anteriormente, y sus comentarios estarán basados en dos textos: el Evangelio según San Mateo, que ha sido oficialmente adoptado por las iglesias, y el Evangelio de los Esenios, el cual fue considerado como ilegítimo y falso por los primeros sínodos.

LAS SIETE BIENAVENTURANZAS

«Viendo las multitudes, subió a una montaña; y sentándose, vinieron a él sus discípulos. Y abriendo su boca les enseñó, diciendo:...»

Estos dos versos usualmente son considerados como poco esenciales: se les toma más como una introducción a los siguientes, como una estructura para la enseñanza. Pero dado que dichos versos son idénticos tanto en los textos oficiales como en los apócrifos, no debería restárseles importancia. Al contrario, deberían ser analizados tanto desde el punto de vista esotérico como exotérico. En estos versos las palabras «multitudes», «montaña» y «discípulos» tienen un gran significado.

El Evangelio de los Esenios muestra que los términos «multitudes» y «discípulos» se refieren respectivamente a los aspectos exotérico y esotérico de la revelación de Jesús. Cada verso del Sermón de la Montaña debe ser considerado desde esta doble perspectiva. La revelación esotérica es importante por su profundidad y universalidad, mientras el significado exotérico lo es por los cientos de millones de personas que lo siguen, así como por su rol histórico en la evolución del mundo occidental.

La palabra «montaña» también tiene ambos significados: uno esotérico y otro exotérico. Exotéricamente, ésta se refiere a una forma material, parte de la naturaleza. Según las tradiciones esenias es, esotéricamente, el símbolo de la altura, de la superioridad, y del más elevado grado de evolución individual. En las historias de los grandes maestros de la humanidad el concepto de «montaña» se presenta una y otra vez. Así, Zaratustra vivió en lo alto de una montaña en la antigua Sumeria, antes de dar a conocer al mundo su revelación; Moisés bajó del Monte Sinaí con las tablas de los Diez Mandamientos exotéricos para las multitudes y las comuniones esotéricas para los elegidos, ascendiendo más tarde al Monte Nebo para desaparecer de la historia.

Del mismo modo, Jesús eligió también una montaña para dar a conocer sus revelaciones más importantes. Pero en el texto del Evangelio Esenio está claro que su presencia en la montaña, sobre la multitud, tiene un significado; el símbolo de la montaña también significa que Jesús el Esenio representa el más alto nivel de evolución individual, como un canal para revelar la verdad absoluta, universal y eterna.

En el segundo verso, hay dos palabras importantes: «boca» y «enseñó». En un texto tan importante como el Sermón de la Montaña, el que se mencione en San Mateo y San Juan («Y abriendo su boca les enseñó, diciendo: ...») no es una redundancia. Algunos han dicho que este verso es pleonástico e ilógico, señalando irónicamente que nadie puede decir nada sin abrir su boca y nadie puede enseñar sin decir algo. Toman el texto literalmente, tal cual, sin preocuparse de la naturaleza dual de las revelaciones, de su sentido exotérico y esotérico. En este texto cada palabra tiene su significado e importancia.

De acuerdo a la tradición esenia, un gran maestro siempre hace uso de estos dos significados para transmitir sus revelaciones a sus seguidores: primero, su voz o «palabra», y después su pensamiento. El término «voz» o «palabra» se repite muchas veces en todos los libros sagrados de la humanidad. La «palabra» es poder, energía, vibración; es una de las fuerzas de la vida y del universo, y de acuerdo a las enseñanzas esenias los grandes maestros utilizaron la «palabra» o «voz» para poner en acción el cuerpo emocional de sus seguidores y discípulos. El cuerpo emocional, en la tradición esenia, consiste en la totalidad de los sentimientos de la persona, lo que conforma un campo de fuerzas a su alrededor, de la misma forma que un campo magnético se forma alrededor de un polo magnético. El pensamiento, por otro lado, es el poder usado por estos grandes pensadores para poner en acción el cuerpo mental de sus seguidores. Los dos poderosos instrumentos de la voz y el pensamiento, han sido repetidamente utilizados a lo largo de toda la historia universal por todos los grandes maestros de la humanidad para transmitir su revelación al cuerpo emocional y mental de sus discípulos y de la multitud. Es a estos dos poderes a los que se refieren respectivamente las palabras «boca» y «enseñó».

«Bienaventurados los pobres en espíritu,
porque de ellos es el Reino de los Cielos»

El tercer verso contiene la primera gran enseñanza de Jesús, que también ha sido bastante malinterpretada tanto por los críticos de la Biblia, como por las iglesias ortodoxas. Está claro que con la expresión «pobres en espíritu», Jesús no se refería a «las personas de limitado entendimiento»; esto tiene un significado mucho más profundo. Una y otra vez encontramos en los evangelios cómo Jesús enfatizaba el principio de la sencillez, y no es un accidente o una casualidad que su primera enseñanza sea sobre este principio, el cual es una ley natural y espiritual. De ninguna otra ley se ha desviado tanto el hombre y la humanidad –y nos seguimos desviando–, como de la ley de la sencillez. En otro pasaje del Evangelio de los Esenios se menciona cómo Jesús dice que los hombres son amos y dueños de todo cuanto poseen y les es necesario para su crecimiento en la verdad; sin embargo, todo lo superfluo llegará a dominarlos y ellos se convertirán en sus esclavos.

En casi cada ocasión en que Jesús enseñaba, resaltaba la ley de la sencillez como una ley natural y espiritual. Tanto en los evangelios sinópticos como en el Evangelio de los Esenios hay numerosas referencias acerca de todos los tipos de desviaciones de esta ley y sus distintas consecuencias. Así, nos habla de la dificultad de un hombre rico para entrar en el Reino de los Cielos a causa de sus posesiones innecesarias y del efecto de éstas sobre su conciencia. Del mismo modo, menciona a los escribas y fariseos, que con sus pesadas cargas de posesiones intelectuales no pueden, bajo ninguna circunstancia, entrar en el Reino de los Cielos, pues dicho reino está también en armonía con la ley.

¿Cuáles son las desviaciones más comunes de esta ley de la sencillez que Jesús enseñó? Primero, y desde un punto de vista exotérico y simple, el hecho de intentar tener más de lo necesario para el desarrollo personal, es una enfermedad humana. Cuando Jesús condena a los ricos, no los condena como personas, sino que condena a la desviación de la ley. No los condena por sus grandes riquezas, sino por su mentalidad tan apegada a ellas. Sus posesiones materiales ocupan gran parte de sus sentimientos y pensamientos, de sus energías y de su tiempo, en detrimento de los verdaderos valores de la vida: «las riquezas del Reino de los Cielos». Como sabemos por el Evangelio, Jesús tenía amigos entre los ricos, porque él no consideraba las riquezas o las posesiones como algo maligno en sí, pero estaba en contra del materialismo que ellas engendran.

Según las enseñanzas esenias, un hombre rico, con muchas posesiones, puede trabajar en total armonía con la ley si no desarrolla el espíritu materialista que generalmente las acompaña. Y a la inversa, un hombre pobre, sin ninguna posesión, también puede desviarse de la ley si su conciencia es materialista y su pensamiento está absorbido por el deseo de obtener las riquezas que no tiene. Jesús el Esenio enseñaba que ni la pobreza ni la riqueza son un estado ideal. Él simplemente enseñó esta importante ley de la simplicidad y la «sencillez»: las posesiones, o la ausencia de estas, no deben ser un obstáculo para el avance individual en el sendero hacia el Reino de los Cielos.

Jesús señaló otras desviaciones de la ley de la sencillez además de la posesión de cosas innecesarias. Cuando llevamos con nosotros una gran carga de tradiciones –religiosas, sociales,

raciales– que alguna vez fueron adecuadas y verdaderas para su época, pero ahora resultan anacrónicas, estamos obstaculizando nuestro desarrollo personal. De acuerdo a las enseñanzas de Jesús el Esenio, nadie con esa gran carga de tradiciones petrificadas puede entrar al Reino de los Cielos.

También podemos desviarnos de esa sencillez que tanto disfrutaba Jesús en el terreno intelectual, al leer miles de libros, buenos y malos, pasar muchos años de estudio a fin de almacenar un conocimiento estático acerca de épocas pasadas; la adquisición de títulos universitarios y la importancia que se les atribuye a éstos, a los conocimientos y a los libros; todas estas cosas son un equipaje pesado si ha de llevarse cuesta arriba, hacia el Reino de los Cielos. Es imposible entrar en el Reino de los Cielos sin antes desechar cada uno de los obstáculos que nos impidan comprender la simplicidad y la sencillez de la verdad. Si cumplimos con este requisito estaremos ya en la antesala del Reino de los Cielos.

Además de las desviaciones personales de esa ley de la sencillez, hay desviaciones colectivas de toda la sociedad humana. Ésta y sus instituciones se basan principalmente en tradiciones superfluas y anquilosadas, dogmas absurdos, instituciones y conocimientos inútiles: una inmensa variedad de cosas totalmente innecesarias para el desarrollo personal. La mayoría de ellas no son sólo innecesarias, sino decididamente dañinas. Es por eso que Jesús dice: «Mi reino no es de este mundo». Él enseñaba la grandeza de los valores de la vida y del universo, pero lograr la vida eterna depende del sacrificio que uno haga de todas estas cosas complejas e innecesarias.

El tercer verso es la expresión exotérica de la gran ley de la sencillez, enseñada por los esenios en todos los tiempos. La Hermandad Esenia del Mar Muerto –a la que pertenecía Jesús– era una auténtica protesta viviente contra las complicaciones inútiles del mundo exterior. Los escritores contemporáneos enfatizan la gran sencillez de la vida de la Hermandad Esenia del Mar Muerto. Esta simplicidad está ejemplificada en las palabras y enseñanzas de Jesús. Un niño puede entender el Sermón de la Montaña y sus sencillas enseñanzas y el hombre que desee entenderlo deberá llegar a ser como un niño pequeño, que no se ha desviado todavía de esta gran ley de la simplicidad, que no lleva a cuestas el peso muerto de las cosas superfluas, ese equipaje moral e intelectual que nos agobia tanto individual como colectivamente.

«Bienaventurados los que lloran,
porque ellos serán consolados»

Jesús y los esenios no predicaban tristezas, sino gozo, y su gozo por la vida fue una de las características básicas observadas por los escritores contemporáneos en la Hermandad Esenia del Mar Muerto. Los Evangelios sinópticos y más claramente el Evangelio de los Esenios, nos hablan repetidas veces acerca del gozo y la alegría. Y sin lugar a dudas, no existe enseñanza alguna más optimista que las enseñanzas de Jesús. Él nos revela la ley, y mediante ésta nos otorga la libertad, libera a la humanidad, nos da poderes infinitos y abre la puerta al bien supremo: el Reino de los Cielos. Si es evidente que Jesús no proclamaba desdicha, ¿cuál es el significado de la expresión «los que lloran» desde el punto de vista esotérico?

Este verso del Sermón de la Montaña también nos habla de las leyes naturales y espirituales, y las consecuencias de desviarnos de ellas. Otro gran maestro de la humanidad, Buda, expresa un pensamiento similar cuando dice que en el mundo hay un océano de sufrimientos como resultado de desviarnos de la ley y por las consecuencias que genera la ley de causa y efecto. Buda usaba la palabra «Samsara» para designar a este océano de sufrimientos. Según él, sufrimiento es llorar, estar enfermo, envejecer, no lograr aquello por lo que ya hemos trabajado. Jesús el Esenio también nos habla del océano de sufrimientos en que la humanidad vive a consecuencia de sus desvíos de la ley.

Todos los hombres comienzan sus vidas en este océano de sufrimientos; no existe nadie en este mundo que no lo haya experimentado. Pero el sufrimiento tiene un gran valor en el desarrollo personal del hombre, ya que es el poder o la fuerza que le muestra las consecuencias de alejarse de la ley. Esto hace al hombre consciente de su falta y consecuentemente de la propia ley. Jesús el Esenio nunca predicó el sufrimiento: sus enseñanzas eran de la alegría y gozo. En nuestra vida material, el sufrimiento nos lleva a prestar atención a los peligros que representa el infringir las leyes de la naturaleza; su rol es el mismo tanto para la vida material como para la ley espiritual. Así, la expresión «los que lloran», representa cierto logro: el haber alcanzado un determinado grado de evolución personal, pues es el reconocimiento de la causa de nuestro sufrimiento y la toma de conciencia de nuestros desvíos de la ley y de la propia ley. El acto de llorar es un hito necesario en la evolución individual, y quienes no lo han alcanzado no pueden progresar en el sendero hacia el Reino de los Cielos. Sin reconocer los errores del pasado y nuestros desvíos de la ley, no es posible pensar en una nueva vida, la vida que Jesús el Esenio nos enseñó. El comienzo a esta nueva vida está marcado por el llanto y el arrepentimiento por los errores pasados, y por las faltas cometidas a la ley.

Pero la palabra «llanto» también tiene otro significado. Ya que la mayoría de los hombres se desvían de la ley, la mayoría experimenta sufrimiento. Están sumergidos en el océano de sufrimientos del que Buda nos hablaba. Según las enseñanzas de Jesús, no debemos ser indiferentes a este gran océano de sufrimientos causado por la ignorancia y la desviación de la ley por parte de la mayoría de la humanidad. La ética del Sermón de la Montaña y la moral de las enseñanzas de Jesús el Esenio superan todas las construcciones teóricas, intelectuales y las enseñanzas metafísicas que pierden de vista al océano de sufrimientos que existe a nuestro alrededor, que desatienden el amor creativo –quintaesencia de las enseñanzas de Jesús– y que ignoran la gran ley de la compasión.

La eterna vitalidad del Sermón de la Montaña y de todas las enseñanzas de Jesús radica en este mensaje de amor activo y creativo, manifestado en forma real y verdadera. Todos los grandes maestros, incluyendo Jesús, practicaron esta ley, como lo hicieron los esenios, quienes fueron maestros y sanadores. No vivieron aislados en una torre de marfil para establecer esa relación armónica con la ley, sino que partieron a enseñar y a curar. Su actividad fue una cruzada fantástica contra el océano de sufrimientos. Nos dieron la fórmula para terminar con el sufrimiento, erradicando sus causas en el mundo. Un ejemplo de esto es el aspecto ético que la palabra «llanto» tiene en el Sermón de la Montaña. Las buenas noticias acerca del Reino de los Cielos traidas a la humanidad por Jesús, también representan buenas noticias para terminar con el sufrimiento individual y de la humanidad, a través del entendimiento y el seguimiento de la ley, viviendo el ejemplo de Jesús. Su vida es tan importante como sus enseñanzas, porque la verdad que vino a revelarnos también es vida. Su vida expresaba la verdad, y en su vida estaba la verdad hecha manifiesta. La palabra «llanto» en el Evangelio de los Esenios tiene varios significados orientados a la evolución individual y colectiva, al amor creativo, el principio básico más importante de todas las enseñanzas morales de todos los tiempos. El amor creativo que Jesús enseñó a la humanidad en la forma más simple y sublime, es nuestra tarea para el mundo entero, el mundo que tiene grandes razones para llorar desde que los hombres fueron sumergidos en el océano de sufrimientos, provocado por las faltas a la ley.

«Bienaventurados los mansos,
porque ellos heredarán la tierra»

A este verso se le han dado muchas interpretaciones distintas. El Evangelio de los Esenios no se refiere a la mansedumbre hacia los hombres, sino a la mansedumbre hacia Dios, hacia la ley, así como a su alabanza. Aquellos que sean mansos con la ley heredarán la tierra: esa es la gran ley revelada por

Jesús. A lo largo de la historia universal, los jueces y gobernantes han creado su propia ley, y han tratado de sustituir a la que gobierna al universo y es la fuente de todas las formas de existencia. En la lucha por imponer su propia ley sobre la ley única y universal, los jueces y gobernantes han faltado a la mansedumbre, desviándose de esta importante ley de vida. En repetidas ocasiones a lo largo de la historia, hombres como Alejandro, Genghis Khan, Napoleón, o Hitler han tratado de crear sus propias leyes y de forzar a la humanidad a seguirlas; de esta forma no sólo se desviaron de la ley vital enseñada por Jesús, sino también de la ley pronunciada por Moisés: «No tendrás dioses ajenos delante de mí. No harás para ti escultura, ni imagen...» Todos los grandes conquistadores establecieron sus propios dioses; se desviaron de la ley y perecieron. La ley no fue lo que los destruyó, sino que ellos mismos fueron los que se destruyeron. La ley es buena: hace salir el sol y hace llover sobre justos e injustos. Pero todos aquellos que se alejan de la gran ley de la vida y buscan seguir leyes artificiales creadas por ellos mismos, alcanzarán la destrucción.

Las desviaciones a esta gran ley de la vida son múltiples. No sólo los jueces y gobernantes se han desviado de ella, sino todos nosotros en distintas formas y grados. En muchas familias los padres también van contra esta ley al crear sus propias leyes e imponerlas a sus hijos, sustituyendo a la ley única. Y en otras ocasiones ocurre a la inversa: algunas veces los hijos buscan crear sus propias leyes y las imponen a sus padres. No sólo los dictadores tratan de crear sus propias leyes, sino también las pequeñas potestades, aunque éstas nunca tienen éxito por mucho tiempo. Los hombres sólo pueden trabajar con la ley. La expresión más característica de la desviación de la ley fue llevada a cabo por Luis XIV, cuando declaró: «El estado soy yo». Muchos de nosotros sentimos, decimos y pensamos esto en nuestros limitados medios.

Esta ley de mansedumbre se manifiesta como una ley natural en el universo material y también como una ley espiritual superior. En el universo material la naturaleza tiene sus propias leyes inmutables y ha creado diferentes plantas, animales y razas. Estas creaciones evolucionan siguiendo las leyes de la naturaleza, y muchas de ellas heredarán la tierra en el sentido de que se perpetuarán a sí mismas y alcanzarán altos niveles de evolución en el curso de las generaciones. Otras plantas, animales y razas se desviarán de esta ley de mansedumbre, siguiendo su propia ley: sin reconocer a la única ley, y ello puede estrangularlos y consecuentemente llevarlos a la destrucción. Animales prehistóricos como los dinosaurios y el mastodonte, fueron muy poderosos en su tiempo; sin embargo, estos monstruos perecieron, en tanto que criaturas más modestas se adaptaron a la ley, logrando su supervivencia. El hombre, quien por sus poderes superiores vive en mayor armonía con esta ley que otros seres del planeta, ha llegado a ser la raza dominante y, consecuentemente, ha heredado la tierra. La naturaleza, como un escultor, crea todo tipo de formas, y aquellos que no cumplen con los requerimientos de la ley son destruidos. Los que actúan conforme a ella y están en completa armonía, sobrevivirán, como piezas esenciales de la naturaleza. En el universo material la ley de la mansedumbre se manifiesta en el proceso natural de selección.

Pero esta gran ley también tiene un aspecto espiritual. Aquellos que respetan a Dios, a la ley de la mansedumbre, a la ley en general, alcanzarán niveles más altos de evolución individual, mientras que quienes la desechen y falten a la mansedumbre a Dios, se toparán con el mayor de los obstáculos en su desarrollo. Nunca entrarán al Reino de los Cielos, donde se vive en armonía con la ley. Cuando el gran maestro dijo: «Hágase tu voluntad, no la mía», expresó perfectamente la ley de la mansedumbre hacia Dios y hacia la ley.

«Bienaventurados los que tienen hambre y sed de justicia, porque ellos serán saciados»

La palabra central en éste verso es «justicia», que en arameo antiguo quiere decir: «verdad». En arameo la misma palabra se utilizaba para indicar «verdad» y «justicia». En algunas versiones del evangelio se traduce como «verdad», y en otras como «justicia». Ambas son correctas. La «verdad» representa una noción más universal, y la «justicia» podría definirse como la verdad manifestada en acción. Si leemos «Bienaventurados los que tienen hambre y sed de verdad», tendremos frente a nosotros una de las leyes más universales jamás reveladas a la humanidad.

Hay varios aspectos que observar dentro de esta ley. Una planta, por ejemplo, tiene sed de agua y hambre de los diversos ingredientes de la tierra. La planta es un ser vivo receptivo y asimila todos estos requerimientos de la vida. El hombre también tiene hambre y sed. Su cuerpo material tiene hambre de comida y sed de bebida, en tanto que su mente tiene hambre y sed de conocimiento, conocimiento de la ley y de la verdad. Si experimentas esta hambre y esta sed, tu estado será receptivo y estarás listo para absorber las fuentes de energía y conocimiento. De acuerdo a la gran ley de la vida aquí tratada, dicha hambre y sed son los requisitos indispensables necesarios para la evolución individual hacia la perfección y hacia el Reino de Dios. Es esta hambre y esta sed que sienten los discípulos, lo que determina las enseñanzas del maestro. La fuente es inagotable, pero el discípulo sólo podrá absorber tanto como su hambre y su sed se lo permitan, lo que su receptividad le permita. Una planta es receptiva a la tierra, al agua y al sol, todas ellas fuentes inmensas de vida. Si pudiera incrementarse su receptividad hasta un grado ilimitado, absorbería todos los ingredientes de la tierra, todo el aire de la atmósfera, toda el agua y toda la luz del sol. El grado de evolución y la perfección alcanzada por un organismo depende totalmente de su receptividad, de la cual el hambre y la sed son símbolos. Mientras que el hambre y la sed del cuerpo material son limitados, las necesidades de la mente por el conocimiento y la verdad no tienen limites. Quienes carecen de esta hambre y esta sed espiritual nunca entrarán al Reino de los Cielos. Uno de los más grandes regalos que puede recibir un hombre es su eterna hambre y sed de verdad y conocimiento. Hay personas que piensan estar satisfechas porque lo conocen todo, y poseen la verdad eterna; esos son los que han perdido el hambre y la sed. Este es un gran error. Cuando el hambre y la sed de conocimiento y verdad dejan de crecer, por algún particular sistema de pensamiento, o por algún maestro o enseñanza –sea lo que sea– hay un fin en la evolución individual. Una de las razones de las reprensiones que Jesús el Esenio hacía en contra de los escribas y fariseos, era su creencia de que ellos poseían la ley única y su displicencia para escuchar algo nuevo o diferente.

A la luz de ésta ley, los escribas y fariseos –que todavía existen entre nosotros– están espiritualmente muertos, aunque aparentan tener vida. Perder esta hambre y sed de verdad, es uno de los desastres más grandes que pueden ocurrirle a un hombre. A través de la historia han existido muchas instituciones, jerarquías, religiones e iglesias que han creído tener la verdad absoluta. Persiguieron a los que tenían esta sed y esta hambre de un conocimiento y una verdad más elevados, los mataron, los quemaron y los crucificaron. La mayoría de estas instituciones e iglesias hace mucho tiempo que desaparecieron, pero el espíritu de hambre y sed de una verdad más elevada en nuestras vidas perdura, y ésta es la ley que domina la evolución espiritual de la humanidad hasta nuestros días.

Esta gran ley es la única que puede salvarnos del gran error de la desigualdad y la injusticia. Aquellos que han perdido la sed y el hambre por conocer la verdad, y están satisfechos con algún sistema de enseñanza que ha llegado a ser injusto y no buscan ese conocimiento y esa verdad más elevada, han puesto una barrera entre ellos y el océano cósmico de amor y verdad. Esa barrera los separará y les impedirá obtener mayor conocimiento, pues no poseen ya el espíritu de hambre y sed de verdad.

«Bienaventurados los misericordiosos,
porque ellos obtendrán misericordia»

Esta gran ley de la vida tiene varios aspectos y significados. El primero es que debemos ser misericordiosos en pensamiento, palabra y acción con los demás. Ser misericordioso significa perdonar a otros y evitar albergar cualquier pensamiento, sentimiento o acción negativa como respuesta a sus pensamientos, sentimientos o acciones agresivas. Muchos nos desviamos de esta ley. Con frecuencia somos inmisericordiosos y criticamos las palabras o los actos de otras personas. Haciendo esto, nos alejamos de la ley, ya que el único juez es la propia ley. No podemos poner nuestro juicio en lugar de la ley. Éticamente no tenemos razón para opinar con el pensamiento acerca de las faltas de otros, o si algo es lógico o no. Solemos cometer un doble error al introducir en nuestras mentes la inarmonía y los pensamientos negativos, envenenamos nuestra alma, nuestro cuerpo mental, que es mucho más importante que el cuerpo material. Además de eso, el hecho de pensar cosas negativas deteriora el pensamiento y afecta a la persona en la que estamos pensando. El movimiento molecular de nuestro cerebro provoca una resonancia en el movimiento molecular de las células cerebrales de otras personas, lo que resulta en un envenenamiento de su cuerpo emocional, al igual que del nuestro propio. La intoxicación entonces afecta a ambas partes. Las desviaciones a esta gran ley de la vida que nos hacen faltar a la misericordia, generan un deterioro tanto en nuestra mente como en nuestros sentimientos y en nuestro cuerpo físico, ya que la actividad glandular de nuestro cuerpo responde a la armonía o inarmonía del sistema nervioso. Así, el cuerpo físico sufrirá las consecuencias de dichos pensamientos inarmoniosos y sus emociones.

Si miramos a nuestro alrededor podremos ver muchas faltas y desviaciones de esta ley de vida: peleas, disputas, chismes, calumnias, ofensas, groserías, malos pensamientos y sentimientos negativos. En época de elecciones políticas, los periódicos están atestados de pensamientos negativos que los contendientes se envían unos a otros. La lucha de clases en la sociedad humana también es una desviación de esta ley de vida. Cuando las naciones o los partidos se atacan entre sí, cometen faltas colectivas a la ley, lo que trae gran sufrimiento a los individuos, familias, comunidades, naciones y a la humanidad en su totalidad. El precio que se paga por transgredir esta ley es muy alto, y la historia –nuestro pasado y nuestro presente– lo demuestra.

Cuando no somos misericordiosos, vivimos en un reino de negaciones, lleno de pensamientos, sentimientos y actos inferiores. Esto representa un atraso tremendo en nuestra evolución individual, ya que en lugar de ir progresando vamos hacia atrás. Tanto en el plano espiritual como en el material no hay un lugar donde podamos estancarnos: evolucionamos o retrocedemos. Al perder toda misericordia, también perdemos la misericordia elemental hacia nosotros mismos. Este hábito de ver las cosas desde el punto de vista negativo nos hace vivir en nuestras propias cualidades negativas, en nuestros propios errores y desviaciones. Ello generará varios complejos psicológicos, y subconscientemente nos criticaremos a nosotros mismos igual que criticamos a los demás.

De esta forma, nos convertimos en esclavos de nuestros propios pensamientos, sentimientos y actos negativos, esclavos de nuestros propios errores pasados. Faltar a la ley de la

G. Doré
Pannemaker-Doms sc.

misericordia nos separa del Reino de los Cielos, donde no hay negatividad, sino sólo perfección. No debemos atacar el mal, lo cual es negatividad, sino fortalecer lo positivo. Al tratar con los demás, debemos mirar todas las cosas buenas que tienen y tratar de fortalecer esa imagen en lugar de estar combatiendo las negativas. Al fortalecer lo bueno, lo malo desaparece por sí solo, como una sombra que se va ante la presencia de la luz. La ley de la misericordia revelada por Jesús es una de las grandes leyes de la psicología práctica y de las relaciones humanas.

«Bienaventurados los limpios de corazón,
porque ellos verán a Dios»

Este verso nos revela la ley de mayor importancia para el cuerpo emocional. Las enseñanzas esenias nos hablan de que cada persona tiene un cuerpo emocional o espiritual, un cuerpo mental o alma y un cuerpo material o físico. De acuerdo a la tradición esenia, los «puros de corazón» son aquellos cuyo cuerpo emocional es puro, un cuerpo alimentado de amor y no de odio, de perdón y no de venganza, de compasión y no de crueldad. Todo aquel que tenga un cuerpo emocional así, verá a Dios; quien cumpla con la gran ley de la pureza de corazón estará en la antesala del Reino de los Cielos. Si examinamos lo que está detrás de nuestras acciones, encontraremos siempre un sentimiento. Los sentimientos y las emociones poderosas vienen acompañados de actos que se dan en forma automática. No son los pensamientos, sino las emociones o sentimientos, los que se encuentran tras nuestras acciones. Esta es una verdad psicológica que ofrece una gran importancia a la ley de la pureza de corazón, revelada en este verso.

Hay muchas desviaciones de esta ley: una de las más antiguas tradiciones zoroastrianas es el código de ética: «Buenos pensamientos, buenas palabras, buenas acciones». Aquí las buenas palabras representan el cuerpo emocional, ya que detrás de las palabras siempre hay emociones y sentimientos. Cuando Jesús resaltaba la gran importancia del corazón –del cuerpo emocional– hablaba de lo esencial, más allá de las palabras y las acciones, porque él sabia, que «el hombre es como siente en su corazón».

Otros maestros antes que él condenaron las malas palabras, pero Jesús las exterminó antes de ser pronunciadas con sus enseñanzas sobre cómo ser puros de corazón. Si lo somos, nuestras palabras y nuestras acciones también serán puras y armoniosas con la ley. El cuerpo emocional, el gran generador de las palabras y las acciones, está una y otra vez presente en la mente de Jesús tanto en el Sermón de la Montaña como en todos los Evangelios sinópticos.

Todos hemos experimentado alguna vez cierta sensación de armonía o desarmonía en presencia de alguien. Este fenómeno es consecuencia de las reacciones instintivas del cuerpo emocional. Los niños suelen tener este instinto o intuición muy desarrollado, porque sus cuerpos emocionales no han tenido tiempo para desviarse de la ley como los cuerpos emocionales de los adultos. Incluso los animales, con sus primitivos cuerpos emocionales, tienen este instinto. El cuerpo emocional es como un campo de fuerza a nuestro alrededor, y es muy poderoso en la evolución individual. Si vivimos de acuerdo a la ley, nos puede ayudar a crecer cada vez más, pero si nos desviamos de ella, sólo atraeremos fuerzas destructivas que pronto llegarán a dominarnos.

«Bienaventurados los pacificadores,
porque ellos serán llamados hijos de Dios»

La séptima bienaventuranza nos revela un principio básico. Proclama la ley de la paz. «Paz» en arameo expresa la misma idea que la palabra griega «Armonía». Paz, de acuerdo a las tradiciones esenias, es armonía con todos los poderes y las fuerzas internas y externas a nosotros. La paz es el concepto más universal y multidimensional. Cuando Jesús dice: «Mi paz sea contigo», otorga los más grandes dones. La paz es la prueba, la manifestación de la comunión con el Reino de los Cielos. Es la más importante de las leyes reveladas en las siete bienaventuranzas. Ésta es la paz que ilumina todas las fronteras, la que nos lleva al Reino de los Cielos en la tierra. Todos los grandes maestros la tuvieron y la trajeron a la humanidad. «Los pacificadores» y «los hijos de Dios» son lo mismo.

Cuando pensamos, sentimos y actuamos de acuerdo a la ley, estamos en armonía con el Reino de los Cielos. Cuando estamos en paz, somos co-creadores con Dios, y continuamos su trabajo en el planeta. La más grande de las enseñanzas de Jesús el Esenio, el último de los grandes maestros, es la contenida en la séptima bienaventuranza de paz, incluida en el Evangelio de los Esenios. Este mensaje se nos revela a través de las siete bienaventuranzas del Sermón de la Montaña, y significa armonía o paz con el cuerpo, con la mente, con nuestra familia, con la humanidad, con la tierra, con todo el reino de la Madre Terrenal y con el reino del Padre celestial. La armonía interna y externa es la paz, una de las más sublimes revelaciones de todos los tiempos. Cuando el maestro nos reveló esta gran tradición esenia en toda su grandiosa simplicidad y sencillez, estableció su potestad como uno de los más grandes maestros de todos los tiempos en este planeta.

La Oración del Señor

En el Sermón de la Montaña encontramos la más grande de todas las oraciones: la oración del Señor. De acuerdo a las tradiciones esenias, la oración es el medio por el cual nos ponemos en armonía con el infinito espiritual y con las energías cósmicas, el medio para surtirnos de las fuentes de energía, armonía y conocimiento. La oración no es algo con lo que podamos modificar e influenciar a la divinidad, sino que mediante ella podemos generar un cambio en nosotros mismos y lograr estar en armonía con las leyes y poderes más elevados.

El Gran Maestro Esenio Jesús enseñó a los hombres cómo debían orar. En el capítulo sexto del Evangelio de San Mateo, señala primero lo que no se debe hacer al orar:

«Y cuando ores, no seas como los hipócritas; porque ellos gustan de orar en pie, en las sinagogas y en las esquinas de las calles, para ser vistos por los hombres. En verdad os digo que ya han recibido su recompensa. Más tú, cuando ores, entra en tu aposento, y cerrada la puerta, ora a tu Padre que está en secreto; y tu Padre que ve en lo secreto te recompensará en público.»

Jesús quiere decir que con la oración uno hace contacto con las leyes y fuerzas superiores, y esto es algo individual, de naturaleza personal, una comunión interna con el Padre. No es una manifestación o un acto público, sino una experiencia íntima. La voz interna nos habla en el silencio. El Gran Maestro confirma aquí que la verdadera comunión espiritual se establece en pequeños grupos o en una conversión solitaria con el Creador. En algún lugar de los Evangelios, Jesús dice que donde se hallan dos o tres reunidos en su nombre, ahí también estará él. La unidad espiritual del hombre y su Creador es un acto personal o un acto entre aquellos pocos con los que hay afinidad de pensamiento, palabra y acción hacia Dios.

«Y orando, no uséis vanas repeticiones, como los gentiles, que piensan que por sus palabrerías serán oidos.»

Mediante estas palabras el Maestro rechaza todo credo formalmente escrito, los rituales y las oraciones, así como su repetición automática. De acuerdo a las tradiciones esenias, todas estas cosas tienden a endurecer el espíritu y a convertir en estático lo dinámico y en formal lo inmaterial. Todo lo que interviene entre el creador y el hombre, el Padre y el hijo, dividiendo a uno del otro, es rechazado.

«No os hagáis, pues, semejantes a ellos; porque vuestro Padre sabe de qué cosas tenéis necesidad, antes que vosotros se las pidáis.» (Mateo 6. 8)

Este es un aviso más de que no debemos pedir cosas específicas en nuestra oración, porque podemos pedir todo aquello que necesitemos del reino, la herencia es nuestra y nuestro Padre nos la otorga. Cuando poseamos el reino, todo lo demás nos será añadido. Cuando rezamos y nos sintonizamos con las más altas potencias del universo, que están en nosotros, en lo que somos, entonces todo se abre ante nosotros y todo nos pertenece. No hay necesidad de limitar nuestros requerimientos a una pequeña necesidad momentánea, «porque vuestro Padre sabe de qué cosas tenéis necesidad, antes que vosotros le pidáis». Nuestro Padre sabe que lo que nosotros necesitamos es el Reino de los Cielos; él lo sabe, y éste es el tesoro más grande que lo contiene todo. Esto es lo que él nos dará, y es más, mucho más grande que cualquier cosa que podamos pedir.

«Por lo tanto, si traes tu ofrenda al altar, y allí te acuerdas de que tu hermano tiene algo contra ti, deja tu ofrenda delante del altar, y anda, reconcíliate primero con tu hermano, y luego ven y presenta tu ofrenda.» (Mt. 6. 23, 24)

Éste es el consejo más importante que nos pudo haber dado el Maestro: que cuando oremos debemos estar en completa armonía con nuestros pensamientos y nuestro cuerpo emocional, nada negativo o limitado debe existir. Debemos estar en perfecta paz mental, de pensamiento y emoción. Entonces ningún pensamiento o sentimiento negativo se nos acercará, eliminándose toda posibilidad de su existencia. Estando en completo equilibrio, en paz con nosotros mismos y con nuestro prójimo, estaremos listos para recibir el más alto poder y las mayores fuentes de energía, armonía y conocimiento. Deberemos estar listos para vibrar en completa armonía con la ley. Para esto –y éste es el profundo significado de este verso– cada momento de nuestras vidas deberá ser una oración, no sólo el séptimo día de la semana a cierta hora del día. En consecuencia, deberemos estar sintonizados con el infinito cada segundo y cada minuto de nuestra existencia. Esta paz y este equilibrio nos acompañará toda la vida, y estaremos receptivos en forma permanente a todos estos enormes poderes espirituales, cósmicos y eternos. Entonces estaremos en verdadera unidad con nuestro Padre y en armonía real con nuestros hermanos. Éste es el verdadero significado de la oración: vivir y trabajar de acuerdo a la ley, es establecer la paz y la armonía con nosotros mismos, con la ley –el creador– y con nuestro prójimo. Después de enseñarnos cómo no debemos rezar, Jesús nos enseña la más clásica de la oraciones en toda la historia de la humanidad. En las escrituras esenias, se le llama La Oración del Hijo al Padre. ¿Cuál es la interpretación Esenia de esto?

«Padre Nuestro»

Estas son las dos palabras más maravillosas jamás pronunciadas en la historia del hombre. Expresan la naturaleza de la divinidad y el lugar del hombre en el universo, mejor que los miles de libros teológicos escritos a través de los siglos, porque señalan la paternidad de Dios y la hermandad del hombre, y establecen la relación existente entre ambos. Estas palabras constituyen el más simple y claro sistema teológico cuya validez es eterna. Son el rechazo a todos los dogmas y teologías complicadas, a todo lo que divide al hombre del hombre y al hermano del hermano. Son la refutación a todas las falsas teorías basadas en la superioridad de una raza sobre otra, de una clase o religión sobre otra. Representan un clarísimo rechazo a todos los errores que la humanidad ha cometido desviándose de la ley de la paternidad de Dios y la hermandad del hombre. Las poderosas palabras «Padre Nuestro» nos dan una idea de cómo distinguir lo bueno de lo malo, ya que podemos conocer el árbol por sus frutos. Si el árbol no genera armonía entre el hombre y sus hermanos, sólo es bueno para el fuego. Estas palabras nos ayudan a decir qué sistemas de pensamiento y qué movimientos están en armonía con el principio eterno de la paternidad de Dios y la hermandad del hombre.

«Padre Nuestro» expresa la más hermosa relación posible entre el Creador y el hombre. Para comprender el significado de estas palabras tenemos que tener presente la época y el lugar en que éstas enseñanzas se dieron: en Oriente. La relación entre padre e hijo era muy diferente a como lo es ahora. En nuestra civilización actual tan materialista y artificial, la familia ya no es la unidad que un día fue. El promedio de las familias modernas no son una unidad orgánica, sino un encuentro temporal en un mismo sitio entre los diferentes miembros, que se ven una o dos veces al día, realizan actividades distintas y con intereses diferentes. La unidad orgánica familiar y dinámica de la antigüedad se desintegró durante los últimos siglos de civilización tecnificada. La familia ha perdido su espiritualidad, su moral, su intelectualidad y su unidad material, para convertirse en algo automático y mecánico, al igual que toda nuestra cultura. La armonía interna que una vez se concibió dentro de un grupo familiar, no existe ya. En la antigüedad la familia era similar a una unidad, incluso económicamente hablando. La Biblia nos muestra que la familia trabajaba y vivía unida, resolviendo las necesidades básicas de la vida, estudiando juntos la moral y las tradiciones espirituales. Los hijos aprendían de sus padres, trabajaban y vivían con ellos. Cada día en la casa del padre, en el huerto o en el campo, los hijos aprendían algo nuevo, ya fuese material, moral, intelectual o espiritual.

En aquellos días el padre era el guía y el maestro de la familia en materia espiritual y práctica, debido a su experiencia en la vida y a su conocimiento de las tradiciones. Había entonces una armonía interna, al igual que con todo lo que les rodeaba: había armonía con la ley. Cuando el gran Maestro Esenio quiso expresar la naturaleza de la divinidad y la relación del hombre con su Creador, usó la palabra «Padre». Con ésta quiso decir: Padre espiritual, Padre cósmico, el Padre de todos nosotros. Como nuestro guía espiritual, moral, intelectual y material, nuestro Padre celestial deseaba que fuésemos

perfectos, tan perfectos como él, porque el Padre celestial y el Hijo son uno.

«Que estás en los cielos»

Nuestro Padre, la Ley, el Creador, está «en los cielos», es el más alto y el más grande, está sobre todas las cosas, es el supremo tesoro. Nuestro Padre no puede ser expresado por medio de imágenes materiales, limitadas a este mundo. «...Que estás en los cielos...» evoca al océano cósmico de los pensamientos, que está sobre el mundo material; el océano infinito y eterno, como es el Padre celestial, indescriptible en términos temporales y finitos. Ya que nuestro Padre está en el cielo y no en los dogmas formales de los sistemas teológicos ni en iglesias o edificios, no se limita a las fórmulas con las cuales los hombres tratan de encasillar a Dios en formas limitadas. El cielo es el océano cósmico de pensamientos, pero al mismo tiempo está en nosotros mismos. Estamos en ese océano cósmico de pensamientos, y él está en nuestro interior. El Reino de los Cielos está en nosotros.

«Santificado sea tu nombre»

El nombre del Creador fue siempre considerado como algo santo, como algo que no podía ser expresado en forma limitada o formal. Ya que no existe un nombre que pueda expresar el significado del Creador, la Hermandad Esenia definió un nombre o símbolo para designar al Creador, al Padre, pero no lo pronunciaban, sino que era dicho en silencio. Un silencio sin forma fue para ellos la única manera en que podían expresar al Padre: con la voz interna mediante la cual él nos habla. El silencio contiene todos los sonidos, así como el blanco contiene todos los colores. Más que cualquier otra cosa, el silencio expresa la relación entre el Creador y el hombre, entre el Padre y el hijo.

«Venga a nosotros tu reino»

El reino, de acuerdo a las enseñanzas esenias, es la armonía con la ley, o para utilizar el término arameo y hebreo, estar en «paz» con la ley. Sí, el reino representa la paz con la ley, así como con todas las fuerzas aliadas a la ley en el universo espiritual y material. En su totalidad, el reino es el séptuplo de paz: paz en el cuerpo emocional, en el cuerpo mental, en el cuerpo material, paz con la familia y la sociedad, paz con la Madre Terrenal y con el Padre Celestial. Es armonía con el océano infinito y cósmico de pensamientos, y con el océano infinito y cósmico de la vida. Este reino siempre está al alcance de nuestra mano y es accesible dondequiera que estemos en paz y armonía con la ley. Si tenemos eso, lo tenemos todo, ya que al obtenerlo, todo lo demás nos es añadido. Éste es entonces nuestro mayor tesoro, nuestro más alto bien. La más importante de las buenas nuevas que los Esenios pudieron darle al mundo mediante Juan el Bautista, Jesús y Juan el Amado, son las nuevas de que el reino está a nuestro alcance.

«Hágase tu voluntad en la tierra, como en el cielo»

Lo divino existirá en el cielo como un eterno presente, una realidad eterna y omnipotente, y en la tierra como un presente continuo y potencial. Esta potencialidad puede transformarse en realidad desde el momento en que nuestra voluntad llegue a ser la voluntad divina, que es absoluta en el océano cósmico infinito del pensamiento. En el instante en que nosotros dejemos de establecer nuestras propias reglas y leyes y aceptemos la ley divina, la diferencia entre el cielo y la tierra desaparecerá.

Uno de los rasgos más importantes de las enseñanzas esenias es la unidad de la voluntad divina con la del hombre. Para los esenios no había nada más importante en la vida que hacer realidad esta unidad. El libro del Génesis nos dice que después de que todas las cosas vivas fueron creadas en la tierra, Dios llamó a todos los animales ante Adán, quien les dio nombre. Desde el momento de la creación el hombre ha estado dando nombres a las cosas, es decir, les ha dado realidad. El hombre, que tiene dominio sobre todas las cosas en el planeta por el poder heredado de su cuerpo emocional y mental, tiene el poder, como co-creador con Dios, de dar realidad a las cosas.

En el Génesis, Dios examina todo lo que ha hecho, y ve que es «bueno». El hombre, hecho a imagen de Dios, continua el trabajo de la Creación haciendo realidad todo lo que es bueno, en persecución de la unidad entre la voluntad divina y la humana. Fue necesario que el gran Maestro Esenio resaltara esta ley en su oración, porque con frecuencia ocurre, ahora como entonces, que el hombre da nombre a las cosas y las hace

realidad, sin que tengan otra existencia aparte de la realidad que el hombre mismo les ha dado.

El hombre materializa la enfermedad, la ignorancia y el odio, materializa todas las imágenes negativas que crea, pero esto no puede existir en una creación donde Dios vio que todo era «bueno». Cuando hacemos realidad las cosas malas que no son reales ni son creaciones de Dios, es cuando nos desviamos de la voluntad divina. Esta frase de la oración resalta esta ley de la vida, una de las mayores enseñanzas esenias incluida también en el Sermón de la Montaña.

«Danos hoy nuestro pan de cada día»

«El pan de cada día» representa la suma total de lo necesario para nuestra felicidad y evolución individual. Significa el pan para el cuerpo material, la sabiduría para el cuerpo mental, el amor para el cuerpo emocional: significa todas las fuentes de energía, armonía y conocimiento. Significa que cada día necesitamos la guía de la sabiduría, la calidez del amor y la vitalidad de las fuerzas naturales, para que nuestros tres cuerpos –actos, sentimientos y pensamientos– puedan estar en armonía con todo lo interno y externo de nuestra persona. Esta es una importante ley de la vida y debemos actuar, sentir y pensar que continuamente absorbemos pensamientos de sabiduría, sentimientos de amor y el pan de vida que nos permita progresar continuamente en nuestra evolución individual.

«Y perdónanos nuestras deudas, como nosotros perdonamos a nuestros deudores»

Esta frase debe leerse acompañada de las líneas que continúan después: «...Porque si perdonáis a los hombres sus ofensas, os perdonará también a vosotros vuestro Padre Celestial; pero si no perdonáis a los hombres sus ofensas, tampoco vuestro Padre os perdonará las vuestras». Ésta es una de las más grandes leyes psicológicas y metafísicas. ¿Qué es lo que significa «perdonamos a nuestros deudores»? Perdonar es olvidar: no hay otra forma de completar el perdón. Vivimos en un mundo donde los hijos de los hombres muy frecuentemente se desvían de la ley del perdón y crean corrientes de pensamiento inferior, experimentan emociones inferiores y actúan de una forma inferior. Todas estas cosas son reales para nosotros sólo si las aceptamos y permitimos que entren en nuestros sentimientos y pensamientos. Si no las recibimos, no se harán realidad para nosotros. Si conocemos la ley, sabremos que toda manifestación inferior es consecuencia de las desviaciones que cometemos. Perdonamos y olvidamos para evitar pensar, sentir o actuar bajo estas condiciones inferiores. De esta forma nuestro pensamiento, nuestros sentimientos y nuestro cuerpo material no será tocado por lo negativo, y nuestro Padre Celestial nos perdonará nuestras deudas, porque rehusamos desviarnos de la ley, y entonces no existen deudas para nosotros.

«No nos dejes caer en tentación, y líbranos del mal»

Ésta es la única frase negativa que encontramos en toda la oración. ¿Qué significa «tentación»? Tentación es el primer estado de desviación de la ley, el embrión de un pensamiento o emoción que dirige dicha desviación. Sólo hay un mandamiento en ésta oración, porque todas las desviaciones de la ley –a las cuales se refieren los Diez Mandamientos de Moisés– entran por la puerta de la tentación y por ningún otro lado. El mandamiento aquí enunciado es la gran ley de la prevención que se aplica en cada campo de la vida. La prevención de una cosa en sus etapas primarias frena su venida y su materialización.

Algunas veces, en la cumbre de un montaña nevada podemos formar una pequeña bola de nieve y detenerla con un solo dedo, pero si dejamos que ruede cuesta abajo, se convertirá en una bola cada vez más grande y cada vez más pesada, hasta que finalmente se convierta en una enorme masa de nieve de muchas toneladas capaz de destruirlo todo. Entonces será demasiado tarde para detenerla. Y exactamente lo mismo sucede con el proceso de desviación o falta a la ley. Un primer pensamiento o sentimiento de tentación puede erradicarse fácilmente con la colaboración de la ley. Pero si a los pensamientos y sentimientos se les deja crecer, será muy difícil someterlos y retraerlos de la tentación, y consecuentemente detenerse para no faltar a la ley. El Gran Maestro resaltó este hecho.

Tan pronto como podamos librarnos de las tentaciones, entraremos al Reino de los Cielos. Tan pronto como dejemos de desviarnos de la ley, comenzaremos a ser colaboradores con ella, y estaremos en armonía con el reino y con todas las fuerzas espirituales y materiales del universo. ¿Qué significa «líbranos del mal»? Sabemos que el mal no tiene materialización, que todo lo que Dios ha creado es bueno para este mundo, ya que fue una expresión de la ley, del Creador. El mal es simplemente el producto de las desviaciones –de todas nuestras desviaciones pasadas– a la ley. Pero aún habiéndonos desviado, no tenemos por qué ser esclavos del pasado, pues tenemos todas las potencialidades de la representación de Dios en la tierra.

El reino es siempre posible para nosotros, y el conocimiento de la verdad nos hará libres de toda servidumbre al pasado. Tan pronto como comencemos a trabajar con la ley, el mal que es el resultado de nuestras pasadas desviaciones, perderá su materialización y desaparecerá de nuestras vidas. Podemos alcanzar este punto llegando a estar en un estado de permanente receptividad al pan nuestro de cada día de sabiduría y amor. («Danos hoy nuestro pan de cada día»). «Hoy» significa que para nosotros la mayor realidad es el presente, aquí y ahora. No debemos preocuparnos por el pasado ni por el futuro. Como decía Zaratustra, «El pasado, pasado es», y nuestro futuro dependerá enteramente de la forma en que vivamos la verdad y la ley en el presente. La vida en armonía con la ley nos librará del mal y de las consecuencias de las faltas cometidas en el pasado.

«Porque tuyo es reino, el poder y la gloria, por siempre»

El reino es la síntesis de todas las fuerzas mayores: es el mundo espiritual y material; los océanos cósmicos infinitos de vida y pensamientos; es el hombre, la vida, el cosmos y el Creador: la totalidad de las manifestaciones de la ley. El «poder» representa todos los poderes y fuerzas que mantienen ese reino: los poderes espirituales, las fuerzas naturales, el poder de la sabiduría, del amor y la vida, la suma total de todos los poderes que sustentan el reino.

En los escritos de los antiguos esenios y en las enseñanzas de Juan el Bautista, de Jesús y de Juan el Amado, «la gloria» siempre va relacionada con Dios, la Ley y el Creador. «Gloria a Dios en las alturas, y en la tierra paz y buena voluntad para los hombres». La «Gloria» es el Creador, la Ley, de acuerdo con la cual todos los poderes trabajan para sustentar al reino. «El reino, el poder, y la gloria», la totalidad de las manifestaciones de Dios, la totalidad de los poderes que mantienen al reino y finalmente la Ley, el Creador en sí. Las tres palabras juntas nos revelan en forma concisa la quintaesencia de las enseñanzas esenias.

«Por siempre». Estas dos palabras son las palabras más importantes jamás escritas y pronunciadas. Significan que la Ley, el Creador, Dios, las fuerzas espirituales, cósmicas y naturales, así como todo el universo espiritual y material, son eternos. Significa que son parte de esta eternidad, que somos uno con la vida eterna, que *somos* vida eterna. Las palabras «por siempre» son la revelación de la vida eterna para el hombre.

«Amen»

Esta palabra tan concisa tiene dos significados. En el arameo usado por la hermandad esenia tiene un significado exotérico: «y así será»; ésta es la afirmación final y contiene toda la oración en una sola palabra. Desde el punto de vista esotérico, la palabra es usada en las escrituras esenias como el símbolo a través del cual los maestros esenios de todos los tiempos buscaban expresar la divinidad. En su significado esotérico, «Amén» es la forma aramea del antiguo hindú AUM, que originalmente estaba constituido por cuatro letras: AOUM. Cada una de ellas representa una manifestación fundamental de la ley: se refieren respectivamente al poder, al amor, a la sabiduría y a la vida eterna. Regresando y yendo más lejos, encontramos esta palabra en el *Zend Avesta* de Zaratustra, en la forma de ASHEM VOHU. Tiene el mismo significado que el hindú AOUM y que el esenio AMÉN. Los esenios utilizaban estas cuatro letras –con cambios mínimos según la época– para representar las manifestaciones de la Ley, del Creador. El Creador en sí se expresaba sólo mediante el silencio. Preservando las tradiciones esenias, el más grande maestro dado por los esenios a la humanidad, termina su oración del Hijo al Padre con la palabra tradicional esenia «Amen».

El Jesús Vivo

Conferencia dictada en 1949 en la Sociedad de Estudios Comparativos de Culturas Antiguas, Tecate, Baja California.

El historiador futuro que revise los periodos por los que atravesó la humanidad hasta el presente, indudablemente señalará el momento en que el Sermón de la Montaña fue escuchado por primera vez, como el momento más decisivo de la raza humana. Si alguna vez se realizara una olimpiada inter-cósmica sobre los más altos valores espirituales de cada planeta en el espacio cósmico, el nuestro indudablemente estaría representado por el Sermón de la Montaña. El Sermón de la Montaña es el título nobiliario de la humanidad, es su derecho a existir. Debemos examinar la época en que estas palabras fueron pronunciadas por primera vez. Fue una época

en que las nubes oscurecían el horizonte de la humanidad. La degeneración y la agonía del imperio romano había comenzado. En la gran capital de Roma, reinaba el caos, el desequilibrio, el espíritu de violencia, la miseria de las masas, las intrigas políticas y una sucesión de césares desequilibrados. Las numerosas colonias romanas eran gobernadas por césares locales, cuya corrupción era mayor que la de los grandes señores de Roma. Encontramos masas de esclavos trabajando en el campo, mientras que el pequeño grupo de las familias acomodadas vivía en la opulencia y la degeneración. En las provincias, de las cuales una de ellas era Palestina, los distintos impuestos aumentaban desmedidamente, mientras que en el norte y el este, gente nueva y poderosa surgía para tratar de debilitar y destruir el imperio. Era un mundo con claras muestras de una desintegración general. No había seguridad; nadie sabia qué ocurriría al día siguiente. Todos vivían en constante expectación, esperando que algo pasara, pero sin saber qué, excepto que el presente estado y sus negocios no podrían subsistir durante mucho tiempo. En este periodo y en otros anteriores, vivió en Palestina un pueblo en el que de vez en cuando aparecían personas únicas en la historia universal. Estos hombres fueron llamados profetas. Pero ¿qué es lo que estos hombres eran y qué es lo que no eran? Un profeta no era un sacerdote. Un profeta no aprendía las leyes en el templo, ni poseía la autoridad de los sacerdotes. No era un líder político, ni tenía ninguna organización que lo respaldara: tampoco dirigía ningún movimiento armado. ¿Quiénes fueron estos hombres? Los profetas fueron, para los hebreos, como los filósofos fueron para los griegos, o los consejeros de Roma. Cada civilización tiene sus propias características. Los profetas de los hebreos aparecieron y aleccionaron duramente al rey, a los ricos y al pueblo en general. No era muy agradable escuchar sus duras reprensiones, que siempre eran veraces. Ni a los reyes, ni a los sacerdotes, ni a los ricos, ni aún al pueblo les gustaba mucho oír sus mensajes. Sin embargo, estos profetas continuaban apareciendo de vez en cuando, y si se les preguntaba con qué autoridad hablaban, ellos contestaban: «He sido enviado por Dios», «He venido a luchar contra la injusticia». «Y alzo mi voz que viene de Dios para que volváis al camino de la rectitud y la justicia, ya que vuestros reyes son tiranos, vuestros sacerdotes hipócritas, vuestros ricos explotadores y vosotros, el pueblo, vivís en pecado. Arrepentios y seguid mi enseñanza». Y la gran ciudad de Jerusalén expulsó a muchos de estos profetas, y muchos de ellos fueron asesinados, pero siempre surgían otros que alzaban sus voces. Son algo único en la historia de la humanidad, algo que no podemos encontrar en ninguna otra sociedad de la antigüedad. Y estos profetas fueron los precursores del Hijo del Hombre.

Si examinamos las palabras de Jesús, encontraremos que siempre hacía referencia a las palabras de los profetas, no a las palabras escritas de la ley.

Retrocedamos a la época y a la sociedad en que Jesús vivió. Vamos a imaginar cómo el Hijo del Hombre apareció entre los hombres. Lo veremos a la orilla del mar, junto al lago y en las montañas. Lo veremos el sábado en la sinagoga. Las sinagogas no eran templos, como el gran templo en Jerusalén, sino que eran simples casas para estudiar, y todo aquel que venía a ellas tenía el derecho de hablar. Así fue como encontramos a

Jesús apareciendo en las sinagogas y hablando. En las primeras sillas se sentaban los ricos, los mercaderes y aquellos que habían obtenido buenas ganancias en los negocios; a su lado se sentaban los que seguían con gran atención todas las prescripciones de la ley y todas las ceremonias tradicionales. Detrás de éstos gran cantidad de gente modesta y sencilla: los humildes pescadores, los mendigos, los ciegos y lisiados, los pobres y miserables. Cuando Jesús hablaba todos se quedaban sorprendidos, ya que las palabras que escuchaban sonaban muy diferentes a las que ellos estaban acostumbrados a escuchar en la sinagoga. Lo que escucharon los dejó impactados, enojados, porque Jesús reprendía a los que ocupaban los primeros asientos. Sus palabras eran duras, como las de los profetas. Y cuando él terminaba se marchaban enfadados e iracundos. Sin embargo, aquellos que ocupaban las últimas sillas de la sinagoga, los pobres y miserables, aquellos sin posesión alguna, los enfermos, no podían desviar su atención de él. Él les trajo una nueva esperanza, que llenaba sus corazones de un gozo renovado de vida. Había una gran fuerza que emanaba del interior de este hombre, una fuerza que ellos no podían comprender, así que lo siguieron y lo acompañaron a la orilla del mar, al lago o a la montaña. ¿Cuál era esta nueva fuerza que el Hijo del Hombre generaba? Jesús decía: «Arrepentíos, porque el Reino de los Cielos está cerca». Y en cada ciudad que visitaba, acudían los pobres, los desheredados, los que sufrían y los enfermos, todos se sentaban a su alrededor en la montañas o a la orilla del mar y le pedían que les hablara más acerca de ese Reino maravilloso que iba a venir. Y él les explicaba que el Reino de Dios estaba en ellos mismos, que ese Reino de los

Cielos no era idéntico al mundo que vivían. Y que el mundo que ahora existe desaparecería, sería transformado en otro mundo. Ese sería el mundo de los Hijos del Hombre. ¿Qué significado tiene esta frase: «el Hijo del Hombre»?

Cuando comenzaba a hablar, Jesús siempre decía: «Ya sabéis lo que fue dicho a los antiguos...», y terminaba diciendo: «pero yo os digo...» Hablaba de los hombres que con todos sus defectos y virtudes, necesitaron de los cientos y cientos de leyes y mandamientos escritos en la antigüedad. «Pero yo», decía Jesús, «Un mandamiento nuevo os doy: que os améis los unos a los otros. En esto conocerán todos que sois mis discípulos». Nos enseño que debíamos sentir amor creativo para construir el Reino de Dios, en el cual debíamos llegar a ser perfectos, como nuestro Padre Celestial lo es. Esto no lo decía el hombre antiguo, ni los antepasados, quienes necesitaban cientos de leyes y mandamientos; sino que fue el hombre que vino, el Hijo del Hombre, un hombre superior, el hombre que no era ya hombre, sino que había llegado a ser como Dios; el Hijo del Hombre que habla y no necesita de cientos de leyes ni de mandamientos como los antiguos, sino un solo mandamiento: «Amáos los unos a los otros», el mandamiento del amor creativo. El Reino de Dios era una buena noticia, la hora en que el hombre estaba listo para recibirlo había llegado. Era hora de que el Hijo del Hombre hiciera su aparición para establecer e inaugurar el reino del amor creativo. Cuando se le pregunta quién lo había enviado, él no contesta que fueron los antiguos profetas, sino que dice: «Mi Padre Celestial me envía». Y agrega que debemos llegar a ser perfectos como nuestro Padre Celestial es perfecto.

Si examinamos estas palabras, veremos que no son como las que encontramos en los libros. En cada oración que él pronuncia, hay siempre plasmada una imagen de la naturaleza. Nos habla del mar, de los campos de trigo, de las higueras, de los campesinos trabajando en los campos, de las ovejas pastando al pie de las montañas o del pastor que cuida de las ovejas. En sus palabras vemos una y otra vez escenas de la naturaleza. Son palabras claras y simples que pueden entenderse, aun por las personas que nunca aprendieron a leer o escribir. Son palabras vivas que reconfortan el dolor de aquellos que llevan pesadas cargas: palabras que tienen color. Cuando son pronunciadas, la vida entra como si fuera la consciencia humana y podemos experimentar la verdad. No es lo mismo que cuando leemos un libro. ¿A quién hablaba Jesús? Él no iba a las grandes ciudades, ni discutía con los jefes de los sacerdotes, ni con los escribas o los fariseos. No buscaba a aquéllos que habían aprendido de la ley, sino que iba a la orilla del mar y les hablaba a los humildes pescadores, diciéndoles: «Venid en pos de mí, y haré que seáis pescadores de hombres». Y visitó a los humildes pescadores y les dijo: «Dejad vuestras redes», y les pidió que lo siguieran. Y fue a los campesinos que estaban sembrando y les dijo: «Seguidme, debéis sembrar la semilla en los hombres, no en el campo, pues ha llegado el tiempo y vamos a tener una abundante cosecha». Fue y habló a los sencillos carpinteros, diciendo: «Dejad vuestras herramientas, ahora vais a construir el Reino de Dios». Y los sencillos pescadores dejaron sus redes y los campesinos sus hoces y lo siguieron. Sus primeros seguidores tienen un gran mérito, un mérito que sobrepasa nuestro entendimiento, ya que lo siguieron en el mismo instante en que él pronunció estas palabras. ¿Por qué lo siguieron? Porque en sus palabras había mucha vida, mucha fuerza y mucha claridad y evidencia, tanta que un solo segundo bastó para que dejaran su antigua vida, para que lo dejaran todo y lo siguieran. ¿Por qué? Debo entonces repetir sus palabras: «¿Dónde más podríamos ir, si tú y tus palabras sois la fuente de la vida eterna?» Si hoy alguien apareciera y fuera ante los políticos y los ministros para pedirles que dejaran sus puestos y lo siguieran; si alguien le dijera a un director de banco o a los directores de las grandes compañías: «Deja todo y sígueme», o a los maestros o vendedores, o a aquéllos que viven en nuestras grandes ciudades, dudo mucho que alguien lo hiciese. Pero estos sencillos campesinos, pescadores, carpinteros, siguieron a Jesús desde el momento en que lo conocieron. Y esa gran e ilimitada fe, libre de dudas y escepticismos, es el incomparable mérito de aquellos sencillos y humildes hombres. Y fue con esta pequeña comunidad de gente sencilla y humilde, con la que el Reino de Dios comenzó a construirse. Y después vinieron los pastores de las montañas a traer sus humildes presentes (leche, mantequilla y queso, que obtienen de sus ovejas) y se unieron a ellos. Y la pequeña compañía siguió adelante, viajando de pueblo en pueblo. Sólo contaban con los alimentos mínimos necesarios para sobrevivir y un simple vestido; fueron de casa en casa y de villa en villa, llevando a todos la buena nueva de que el Hijo del Hombre había venido y estaba entre ellos, que el Reino de Dios estaba cerca, que los hombres debían amarse unos a otros. Y poco a poco todos los que sentían la carencia de algo, hombres sedientos de verdad, vinieron y fueron satisfechos. Los que sufrían vinieron y fueron confortados; los buscadores de paz la encontraron; los que padecían enfermedades vinieron y encontraron la salud; todos los que llevaban pesadas cargas sobre sus hombros, fueron aliviados. Y cada nuevo día se pronunciaban palabras maravillosas. Eran palabras simples, claras y profundas. Palabras que nunca antes habían sido pronunciadas y quizás nunca más lo serían mientras el hombre existiera sobre la faz de la tierra. Mientras esas palabras resuenen dentro de nosotros, habrá esperanza, sin importar los desastres y las catástrofes que puedan sobrevenir a la humanidad; no todo estaría perdido, sino que siempre habría una esperanza para nosotros: el camino, la verdad y la vida.

Después vinieron los dogmáticos, los fanáticos, los filósofos y los pedantes, que trataron de construir un complicado sistema de teorías basadas en las palabras simples, naturales y claras de Jesús. Un dogma siguió a otro dogma, pero nunca tuvieron éxito en destruir la fuerza eterna y vital, la belleza de aquellas palabras simples y claras. Aunque estas palabras han sido distorsionadas y mal utilizadas, no han podido ser destruidas. Todos aquellos que quemaron los libros de historia no pudieron borrar el vivo poder de las enseñanzas de Jesús.

Tengo que contaros una hermosa leyenda medieval que inspiró a Dostoievsky su obra más importante, titulada *El Gran Inquisidor*. De acuerdo a esta leyenda, en los días de la inquisición española, cuando grandes llamas se encendían en todas las ciudades de España para quemar hombres vivos en nombre del Hijo de Dios y con el signo de la Cruz, Jesús bajó su mirada hacia la tierra y volvió entre los hombres. Se apareció en Toledo, y cuando estuvo cerca de la plaza principal de la ciudad,

G. Doré
Pannemaker-Doms

pudo ver una gran hoguera donde iban a ser quemados unos hombres. Y Jesús se acercó a uno de los que ponían cruces en las manos de los condenados y le preguntó: «¿Qué es lo que hacéis?», y éste le contestó: «Quemamos a los herejes en nombre de nuestra Santa Iglesia y en el nombre de Jesús el Cristo». Y entonces Jesús preguntó: «¿Quién ha ordenado hacer tal cosa?» El hombre señaló hacia la ciudadela y dijo: «Nuestro Señor, el inquisidor jefe, representante de la Santa Iglesia, nos ordenó hacerlo». Entonces Jesús fue a la ciudadela y abrió la puerta del inquisidor y le preguntó: «¿En nombre de quién haces estas cosas terribles?» Y él le respondió: «En nombre de Jesús el Cristo debemos destruir a todos los herejes que puedan poner en peligro sus enseñanzas». Y Jesús le respondió: «Yo soy Jesús; y os traje amor, os dije que debíais amar al prójimo, que debíais perdonar los pecados de otros. Yo traje alegría a los corazones de los hombres y vosotros habéis cambiado el mundo convirtiéndolo en una casa de lágrimas y tristeza. Yo traje amor, y vosotros habéis hecho un mundo de crueldad. Yo traje vida, y vosotros muerte. Ordena que se apaguen las hogueras, que liberen a los cautivos y que mis enseñanzas se cumplan». El jefe inquisidor lo miro y de inmediato comenzó a temblar por el peso de sus palabras, y sintió que éste hombre en realidad era Jesús, y sintió la fuerza de sus palabras. Los minutos pasaban y no respondía. Finalmente levantó los ojos y vio el decreto oficial colgando del muro; entonces, con todas sus fuerzas, le contestó a Jesús diciendo: «Estás en lo correcto, pero tu ideal es sólo eso, un ideal, y no puede ser alcanzado. Nuestra iglesia es una iglesia militante y podremos conquistar a toda la humanidad sólo librando batallas y a través de la fuerza. Lo siento mucho, pero no puedo obedecer tus palabras». Entonces Jesús le dijo: «Volveré con el pueblo y elevaré mi voz, y les diré que tú no eres mi representante; les diré que no quiero que condenes y asesines a más hombres; que no quiero que los encarceles, que mi deseo es que sepan que el amor no es odio, y que la vida no es muerte». Entonces el jefe inquisidor se levantó y le dijo: «Si le dices eso al pueblo, serás considerado enemigo de la iglesia y me veré obligado a quemarte, pues eres peligroso». Entonces se hizo un gran silencio. Jesús no respondió, pero sus lágrimas se hicieron presentes y desapareció de la presencia del jefe inquisidor. Entonces, a causa de sus lágrimas, comenzó a llover fuertemente, y se apagaron todas las hogueras y después vinieron torrentes que arrasaron las ciudades y las iglesias. Y este diluvio continuó como el diluvio bíblico, y cuando las aguas se retiraron, comenzó una nueva era, y las palabras de vida eterna fueron entonces escuchadas con la claridad y pureza original, con su mensaje de amor.

Esta leyenda medieval en realidad nos hace entender una gran tragedia: la eterna tragedia del hombre, que sigue tan vigente hoy como lo fue hace tantos años, las palabras de amor han sido cambiadas por palabras de odio, la vida se ha cambiado por muerte, y la dinámica, original y sencilla idea de Jesús, es destruida por los dogmatismos rígidos y la fe tendenciosa sin la luz de la razón.

Ahora vamos a examinar cual fue esa enseñanza vital que trajo el Hijo del Hombre ¿Fue un sistema filosófico? ¿Una ciencia? ¿Una serie de leyes? No, en realidad no. La fuerza central que tomó a los hombres y los cambió fue él mismo, su vida, su ejemplo, la integridad y la congruencia de sus palabras. No fueron sólo sus palabras, sino él mismo y su vida ejemplar. Vinieron y le cuestionaron mucho, pero sus respuestas siempre fueron sencillas, claras y concisas. Siempre respondió a lo que se le preguntaba. A los que estaban tristes les dio alegría; a los ignorantes, conocimiento; a los que vivían en guerra consigo mismos y con otros, les dio paz; a los que no habían encontrado quietud, él se la daba; a los que sufrían dolor y enfermedad, les dio salud. Siempre cubrió toda necesidad, dondequiera que se le solicitó, y nunca habló nada que no se le hubiere preguntado, ni otorgó nada que no fuera de urgente necesidad. Él no creó un sistema filosófico para el futuro; solamente creó una constante de nuevos valores y nos los hizo saber a todos, a todos los que los necesitábamos, a todos los que vinieron a él.

Ahora vamos a examinar algo que él no nos dio, pero que en su momento le fue pedido. Él nunca rechazó a los enfermos que se le acercaron para ser sanados. Nunca rechazó a los ignorantes que vinieron a aprender, pero hubo alguien a quien Jesús rechazó cuando le pidió una prueba y pidió milagros. En esa petición había duda e incomprensión. Podemos ver que los textos distorsionados hablan de sus milagros sobrenaturales, aunque él siempre rechazó esto categóricamente. ¿Cuándo empezó a generarse esta fe en los milagros sobrenaturales? Sus raíces están en la conciencia humana, que considera como algo sobrenatural y milagroso a todo aquello que no alcanza comprender. Jesús no necesitaba hacer milagros sobrenaturales, pues contaba con todas las fuerzas naturales y cósmicas y estaba en comunión con todas sus leyes. No necesitaba hacer milagros, ya que todo estaba en su poder. Podía curar las enfermedades, porque era poseedor de todas las fuerzas de la naturaleza y del pensamiento. Podía responder a todas las preguntas que se le hicieran, ya que tenía en su poder el conocimiento de las leyes cósmicas y naturales. Por eso se negó a responder cuando se le pidió una señal para probar que realmente había sido enviado por Dios. Entonces respondió: «Marchaos de aquí, incrédulos», pues él sabía que la señal no debía aparecer en el cielo, sino en nuestros corazones, ya que el Reino de Dios está en nosotros mismos. La luz siempre es visible. Uno sólo tiene que ver y abrir los ojos, pero para aquellos que teniendo ojos no ven, o para aquellos que teniendo oídos no oyen, para esos, todos los milagros sobrenaturales son en vano. La luz es siempre visible para quienes pueden ver; la luz se ilumina a sí misma y también ilumina la oscuridad, pero siempre que el ciego guíe al ciego ambos caerán al precipicio. Jesús no les hablaba a aquéllos que no sentían y que no veían, sino que hablaba a aquellos de los que dijo: «Felices vosotros, porque vuestra fe os sostiene», y a los enfermos que curaba les decía: «Hágase según vuestra fe», pues de nada sirve tender la mano para ayudar a alguien si éste se aleja, ya que así no recibirá nuestra ayuda. Tenía poder sobre todas las fuerzas y las leyes naturales y cósmicas, y era consciente de la inmensidad del pensamiento. La fuerza de las ideas que él irradiaba sólo podía ser recibida por aquellos que eran buenos receptores y que deseaban recibirlas. El organismo humano es un instrumento receptor. Recibimos fuerzas del aire, de los árboles, del sol, de la tierra, todas las fuerzas naturales llegan a nuestro organismo. Y Jesús enviaba a los enfermos a los ríos y a los lagos para que entraran en el agua, debían ayunar y caminar por los bosques. «Ayunar y

rezar». ¿Pero qué es el ayuno y qué es la oración? Sabemos de la milagrosa fuerza del ayuno. Sabemos que esa fuerza es capaz de curar todas las enfermedades. Sabemos de la fuerza milagrosa de los rayos del sol, que atraviesan el organismo humano. Sabemos de la fuerza milagrosa del agua, que limpia el organismo lo mismo que la lluvia limpia la tierra. Jesús abrió la puerta del organismo humano y mandó todas las fuerzas creativas de la naturaleza a los cuerpos débiles y enfermos, sumergidos en el río de las fuerzas naturales, y entonces ocurrían milagros. Personas que habían estado enfermas durante años sanaban, hombres cuya visión había permanecido opaca durante años, recuperaban la vista. Hombres cuyos oídos no escuchaban, ahora podían oír. Hombres y mujeres condenados a estar todo el tiempo en sus camas, ahora podían caminar. Un gran número de enfermos venían a él, y todo aquél que creía en él, encontraba la salud. No sólo les decía que fueran al lago, a los bosques, a los campos, o que ayunaran, sino que también les pedía oración. ¿Y qué es la oración? La oración no es más que la creación de corrientes de fuerzas de pensamiento, dirigidas hacia el ilimitado y eterno océano de las corrientes más elevadas de pensamiento. Las corrientes vienen a este océano eterno desde los seres más elevados de cada planeta. Las corrientes superiores de pensamiento del océano eterno e ilimitado, tienen su fuente eterna en cada forma de vida existente en el espacio cósmico. Existe un océano cósmico y eterno de pensamiento, de vida y de amor, y sólo las energías más elevadas pueden llegar a ese océano cósmico que ha alcanzado el nivel más elevado de evolución y es capaz de superar la esfera de gravedad de nuestro planeta. Ésta es la fuente eterna y el origen de la vida. Los planetas y los sistemas solares aparecen y desaparecen, pero este océano de corrientes de pensamiento es eterno y es el creador de toda forma individual de vida existente en cada planeta. Éste es el cielo del que Jesús siempre nos hablaba, y ese océano cósmico eterno de vida, de corrientes elevadas de pensamiento y de amor, es nuestro Padre Celestial. Jesús dijo: «Mi Padre Celestial y yo somos uno». Y hablaba con la verdad, ya que él estaba en contacto con ese océano cósmico ilimitado y eterno y recibía de él corrientes cada vez más fuertes de vida eterna que fluían a través de él y de aquellos que lo seguían. Él abrió la puerta a fuerzas cósmicas superiores, permitiéndoles fluir a través de sí mismo hacia sus seguidores. Pedía a los hombres que rezaran. Les mostró cómo buscar el contacto con ese océano eterno, fuente de energía, conocimiento y armonía, mediante la concentración de corrientes de pensamiento, pues quien busca, encontrará.

Los hombres llegaban y veían sus milagros. Los enfermos mentales, a quienes en aquellos días se les llamaba «poseídos» y cuyo sistema nervioso estaba dañado, recuperaban la armonía y la paz a través de estas fuerzas superiores que irradiaban del Hijo del Hombre. A él acudían los leprosos que habían sido segregados de la sociedad, quienes tenían prohibido tener contacto con el resto de los hombres. Jesús los enviaba a los ríos, les pedía que ayunaran, y ellos no comían otra cosa que uvas silvestres. Oraban y su piel sanaba: grandes milagros sucedían. Entonces eran bautizados por el agua y por el espíritu, es decir, por las fuerzas naturales y por las fuerzas cósmicas superiores. Y de acuerdo a la ley de la época, acudían a ver al sacerdote y declaraban su salud y su purificación. Y una vez que el sacerdote reconocía que estaban limpios, eran readmitidos en la sociedad. Y cuando se les preguntaba quién los había curado, ellos respondían: «Aquél que se dice el Hijo del Hombre». Él prohibía a los enfermos hablar acerca de su recuperación, ya que deseaba que los hombres lo siguieran no por la fe en sus milagros o en cuestiones sobrenaturales, sino por convicción, por fe, por entendimiento. Aquellos que buscaban milagros, buscaban cosas que no entendían, mientras que lo que Jesús quería era que vinieran por cosas que sí entendieran. Quería que los hombres comprendieran estas leyes naturales que él enseñaba y compartirlas con todos los hombres, extender el conocimiento de estas leyes naturales y cósmicas. Esa misión sólo podía ser realizada por aquellos que entendían y creían; no por los que buscaban milagros sin entender. Todas las palabras de Jesús son claras y sencillas. Él es el maestro más claro que ha tenido la humanidad.

Cuando las noticias de los hechos de Jesús y sus enseñanzas llegaron a la gran ciudad de Jerusalén, los incrédulos y escépticos, los injustos y dogmáticos, los hipócritas, escribas y fariseos que seguían la ley escrita pero la desobedecían en espíritu, se escandalizaron. Algunos fueron a buscar a Jesús y le hicieron muchas preguntas. En su encuentro vemos cómo se enfrentan dos conocimientos: uno que venía de las letras escritas (el conocimiento de los escribas y fariseos), y otro procedente del conocimiento vivo, que viene de la fuente del océano cósmico eterno, una fuente superior de conocimiento. De los diálogos de Jesús con los escribas y fariseos podemos deducir la incomparable superioridad de este conocimiento vivo. Las palabras de Jesús son siempre las mismas: «¿Cómo es posible que vosotros, que sois los sabios reconocidos de Israel, no sepáis esto...?» Y los escribas se sentían confundidos y se retiraban. A veces venían con ambigüedades diversas intentando atraparlo, pero siempre eran ellos los que terminaban marchándose desconcertados. Las respuestas de Jesús eran tan claras, tan simples y tan profundas que es imposible encontrar algo similar en toda la historia del pensamiento humano.

Cuando vinieron a él tratando de confundirlo y le preguntaron si era justo pagar tributo al Cesar, ¿qué respondió? Si hubiera respondido que debían pagar el impuesto, hubiera perdido popularidad entre las masas, pero si hubiera respondido que no se debían pagar impuestos, lo habrían denunciado como enemigo del Cesar y habría sido condenado a muerte. Pero ¡qué sencilla fue su respuesta! «Mostradme una moneda. ¿De quién es esta imagen y la inscripción?» Y ellos dijeron: «Del Cesar». Entonces él les contestó: «Dad, pues, al Cesar lo que es del Cesar, y a Dios lo que es de Dios». Pero, ¿qué es de Dios? Incluso la vida, pues Dios es un Dios de los vivos, no un Dios de los muertos.

Cuando se encontró con quienes querían apedrear a una mujer adultera, los reprendió diciendo: «Aquél de vosotros que esté libre de pecado, que arroje la primera piedra», y todos se alejaron, uno tras otro. Qué profundidad, qué ironía había en esas palabras; ni las palabras de Voltaire pueden igualar la finura de estas alocuciones. Y podría hacer otras muchas citas similares. ¡Qué palabras más simples, claras y profundas! Podemos ver que la verdad siempre y en todo lugar se prueba y se hace manifiesta.

Donde llegaba el Hijo del Hombre, todo se transformaba. Todos los que le rodeaban recibían un regalo sublime, y dondequiera que él estuviera, ahí se hacia presente el Reino de Dios. Los sufrimientos se transformaban en paz, la ignorancia en conocimiento, la incredulidad en fe y la oscuridad en luz. ¿De dónde provenía este poder milagroso? Él siempre respondía: «Del Padre Celestial», y verdaderamente, cuanta más fuerza y energía daba, más fuerza y energía tenía, pues la fuente de su conocimiento, de su energía y de su armonía era el ilimitado universo, el interminable y eterno océano cósmico de fuerzas superiores, pensamiento y amor, que fluía a través de él hacia toda la humanidad. Esas fuerzas nunca desaparecerán, ya que las fuerzas cósmicas superiores no pueden perderse. Como dice la ciencia, la energía nunca desaparece.

Y cuando Jesús habló con sus discípulos antes de su muerte, les dijo que no lloraran ni estuvieran tristes, porque él no los abandonaría. En su lugar vendría el consuelo, que siempre estaría con ellos: «Y todo lo que pidiéreis al Padre en mi nombre, lo haré». ¿Qué significan las palabras «en mi nombre»? ¿Era el nombre algo importante para Jesús? Está claro que no; la cuestión no era el nombre, pues cuando la gente le preguntaba qué debían de hacer, él siempre respondía: «Guarda los mandamientos... ven y sígueme». Lo que importaba era seguir su ejemplo de vida. A todos aquellos que siguieran su forma de vida, toda la armonía de las fuerzas y leyes cósmicas y naturales les serían dadas, tendrían el mismo contacto con el Padre Celestial. Disfrutarían de la misma fuente de energía, de conocimiento y de armonía procedente de ese océano cósmico eterno de armonía y amor. Para el hombre muchas cosas son imposibles, pero para nuestro Padre Celestial todas las cosas son posibles. Y para todos aquellos que tienen este contacto superior todo, es posible.

Jesús decía: «Ni el frío ni el calor ni la mordedura de serpientes y escorpiones os dañará». ¿Qué es lo que esto significa? Si vivimos en armonía con las fuerzas naturales, nada puede lastimar nuestro cuerpo. Si vivimos en armonía con la fuente superior de energía proveniente del océano cósmico y eterno de nuestro Padre Celestial, nada puede lastimar nuestra conciencia ni nuestro espíritu. El ideal es ser perfecto, como nuestro Padre Celestial lo es. «El Padre Celestial y Yo somos uno».

En realidad, Jesús no murió en la cruz. Las poderosas corrientes de energía con las que elevó a la humanidad y las fuerzas de vida eterna que él irradiaba y que representaban un enorme e inagotable tesoro para la humanidad, continuarán mientras el hombre exista sobre la tierra. Su enseñanza fue universal y siempre será actual. Enseñó la armonía del hombre consigo mismo, del hombre con otros hombres, con las fuerzas y las leyes de la naturaleza, la armonía de la humanidad con las fuerzas superiores del océano cósmico que eternamente crea, destruye y recrea planetas y sistemas solares en el espacio cósmico. Sus enseñanzas existirán siempre y en todas partes. Son claras y sencillas, indiscutibles, a pesar de los cientos de interpretaciones que se han hecho de sus palabras, tratando de crear dogmas y sistemas filosóficos partiendo de sus ideas. La vitalidad eterna de sus palabras ha sobrevivido a todo. Sin embargo, ningún dogma o fanatismo pueden sobrevivir, pues son contrarios a las fuerzas y a las leyes naturales. Pero sus enseñanzas, que personifican la armonía con todas las leyes y fuerzas naturales y cósmicas, son eternas y válidas, son indestructibles y no pueden deformarse.

Debemos seguir sus enseñanzas. Debemos buscar esas fuentes superiores de conocimiento, energía, armonía y amor. Siempre debemos procurar tener contacto con esas fuentes superiores llevando una vida sencilla y natural, como la de Jesús y sus discípulos. Debemos transformarnos en un aparato receptor cada vez más perfecto para estar en contacto con todas esas fuentes superiores de energía y armonía. Entonces, la verdad siempre se hará manifiesta por sí misma. Esta es la verdad viva del Dios vivo, para los hombres vivos. No debemos buscar la verdad en los libros, sino en el sendero del Hijo del Hombre. Así, todos los hombres serán transformados en Hijos del Hombre. Y el hombre nuevo aparecerá, y será el mismo que nuestro Padre Celestial. Será perfecto como Él es perfecto y entonces habrá paz en nosotros mismos. La paz todavía no existe, pues tenemos en nuestros cuerpos fuerzas antagónicas. Todavía tenemos fuerzas inferiores del hombre viejo, de nuestros antepasados que nos dejaron cientos de leyes. Y aún estos cientos de leyes no son suficientes. Pero a nosotros sólo se nos dio una ley: «Amarnos unos a otros», no sólo de palabra, sino con actos. Las enseñanzas de Jesús pueden ser resumidas en dos palabras: «Amor creativo», el cual siempre y en cualquier lugar crea nuevos valores y transforma el reino del hombre en el Reino de Dios. Si esta paz aparece en nosotros y entre nosotros, si el Reino de Dios está en nosotros y entre nosotros, esa paz será entonces universal y no habrá más problemas, y las enseñanzas del Hijo del Hombre se cumplirán. Así, esa paz superior, esa paz con nosotros mismos, con todas las fuerzas de la naturaleza y con todas las fuerzas y leyes cósmicas más elevadas, creará una armonía universal. Observemos cómo saludaban

Jesús y sus discípulos: «La paz sea contigo». Esta paz es nuestra en un sentido universal, y la podemos obtener todos nosotros. Jesús nos mostró el camino, la verdad, la vida y la paz. Así que siguiendo su ejemplo, yo también me despediría diciendo estas palabras: «La paz sea contigo».

El Significado de la Navidad

El significado Esenio del Gran Aniversario.
Conferencia impartida en 1937, en el Centro Internacional de Salud y Educación de Leatherhead, Surrey, Inglaterra.

La Navidad existió antes que la Cristiandad. Era una antigua festividad pagana por el renacimiento del sol. En los tiempos heliolíticos se celebraba durante el periodo del año que ahora llamamos Diciembre. Algo muy importante sucedía en esa época. Los días comenzaban a ser más largos, las fuerzas del sol comenzaban a crecer y la vida se manifestaba por todos los rincones. La vida surgía de las semillas sembradas en la tierra, así como en las plantas y en los árboles; toda forma de vida comenzaba a crecer y experimentaba un gran cambio gracias al sol, gran regulador de vida en la tierra. Esto fue observado desde tiempos prehistóricos y el clero transmitió estas observaciones de una generación a otra, de padre a hijo. En esa época, el sol resurgía y con él toda la vida en la tierra. Este renacimiento llenaba de fuerza y vida no sólo a las plantas y a los animales, sino también al hombre, y este gran suceso se celebraba con mucha ceremonia. La obra literaria más antigua de la historia de la humanidad referente a esto es el *Himno al Sol,* una apoteosis egipcia que comienza así: «Tú, gran fuente de vida que cada día y cada año nos renuevas a todos nosotros, a los animales, las plantas y los seres humanos. Esperamos tu regreso después del invierno. ¿Qué pasaría si un día no volvieras? Todo se acabaría, la tierra moriría, las plantas, los animales y nosotros mismos tendríamos que esperar la muerte, y nuestros cuerpos serían víctimas de las sombras de la noche, pues tus rayos mantienen con vida a todo lo que existe en la tierra». Posteriores a este *Himno al Sol,* encontramos una gran variedad de himnos y libros de filosofía y de religiones antiguas que en gran parte se refieren al renacimiento del sol y al fin del año. La última manifestación de esta antigua adoración pagana al sol, es el *Himno al Sol,* de San Francisco de Asís, considerado como una obra maestra de la literatura universal.

Podemos observar que desde tiempos prehistóricos, todas las culturas antiguas y hasta los tiempos en que San Francisco de Asís escribiera su *Himno al Sol,* el hombre, ya sea instintiva o más o menos conscientemente, ha reconocido la importancia del sol para todos los seres que habitamos este planeta. Se dio cuenta de que esa fuerza genera grandes cambios al final del año; así, sin excepción, todo pueblo prehistórico y de la antigüedad ha realizado cultos al gran astro en forma de festivales que significan la renovación de éste y de la tierra. Dichos festivales fueron los precursores de nuestra Navidad.

Ahora examinemos qué nuevos elementos fueron introducidos en este festival con la Cristiandad. Está claro que la Cristiandad no tomó esta festividad en su forma original, sino que la mejoró y la perfeccionó, adicionando el renacimiento del hombre y la salvación de la humanidad al renacimiento del sol y la tierra.

La Navidad es ampliamente celebrada. Algunos lo hacen con un sentido religioso, otros dogmáticamente, literalmente, escépticamente y otros sólo automáticamente, sin pensar mucho en su significado. Sin embargo, casi nadie conoce la importancia de esta fiesta, pues en realidad constituye la propia esencia de la Cristiandad.

Por ejemplo, ideas tan fundamentales de la Cristiandad como la Inmaculada Concepción, la salvación de la humanidad, el perdón de los pecados y la resurrección, todas tienen su explicación en el verdadero significado de la Navidad.

Voy a explicar estas ideas a la luz de las fuerzas naturales y cósmicas. En cierta ocasión le preguntaron a Bernard Shaw: «¿Usted cree en la Inmaculada Concepción?», y él respondió que «SÍ». Naturalmente, la gente se sorprendió mucho de dicha respuesta por parte de un escéptico como Shaw. ¿Cómo éste hombre podía creer en algo así? Le preguntaron por segunda vez y su respuesta de nuevo fue: «Sí, porque toda concepción es inmaculada».

Debo agregar unas cuantas palabras a su comentario. Si la Inmaculada Concepción tiene algún significado, tiene forzosamente que ser éste: todos los que hemos leído libros acerca de la salud y la vida natural sabemos muy bien que si una madre vive completamente en armonía con las fuerzas y las

leyes naturales durante los meses del embarazo, el organismo del recién nacido será perfecto, no heredará enfermedades ni tendrá ninguna disposición desfavorable. El organismo del niño y su sangre representarán la ley en sí. Por el contrario, si durante el embarazo la madre se alimenta con tóxicos como la nicotina, el alcohol, las drogas, etc., y en general lleva un vida antinatural, el recién nacido heredará todas las disposiciones desfavorables de los padres, en cuyo caso, desde el punto de vista de las leyes de la naturaleza, no podemos hablar de una concepción inmaculada. Consecuentemente, desde el punto de vista empírico de las leyes naturales, la Inmaculada Concepción significa concepción y nacimiento bajo unas circunstancias en las que la madre ha vivido en completa armonía con las leyes naturales durante todo el periodo de gestación. En este caso, las posibles disposiciones hereditarias desfavorables no se manifestarán en la vida del recién nacido. Durante los dos primeros siglos de la primitiva cristiandad se concedió gran importancia a la forma de vida durante los meses de embarazo. Las tradiciones y documentos antiguos nos dicen que los primeros cristianos vivieron de una forma totalmente sencilla y natural, al igual que el maestro Esenio Jesús. Generalmente eran campesinos, pescadores y pastores, que vivían en contacto con el suelo y con la naturaleza, pasando sus días en contacto con el sol, el agua y el aire, y sus alimentos eran naturales y sencillos. Es en este sentido en el que la concepción de Jesús se calificó como inmaculada.

Vamos a considerar lo que esto significa para la doctrina cristiana de la salvación de la humanidad a través de Jesús. El punto de vista dogmático es que Jesús salvó a la humanidad mediante su muerte. Nos sentimos obligados a objetar esta concepción afirmando que, por el contrario, Jesús salvó a la humanidad no a través de su muerte, sino mediante su vida y sus enseñanzas. Él enseñó a la humanidad las leyes naturales y cósmicas, así como el camino hacia la perfección. ¿En qué consisten estas leyes cósmicas y naturales? Los discípulos de Jesús que lo siguieron y estuvieron con él dondequiera que iba, fueron gente sencilla, del pueblo, pescadores y campesinos. No enseñó a los que vivían en las ciudades, ni a los escribas y fariseos, sino a hombres sencillos y de origen humilde. Les enseñó las leyes de una vida sencilla y natural, explicando al hombre cómo puede renacer mediante el conocimiento y la práctica de las leyes naturales y cósmicas. Sanaba a los enfermos, pero no sólo les curaba el cuerpo. Enseñaba la renovación física, de la conciencia y el espíritu. Y es en esto donde encontramos un punto de coincidencia entre la cristiandad y el verdadero significado de la Navidad.

¿Podemos dudar de que si la humanidad siguiera las enseñanzas de Jesús se salvaría? ¿No sería esto la paz y la armonía en la tierra? Seguramente que lo sería. Con sus actos, su actividad, su vida y sus enseñanzas, nos mostró el camino hacia la salvación de la humanidad. Jesús lo dejó claro: él no vino a salvar a la humanidad de la ignorancia y el egoísmo. Cada uno de nosotros debemos salvarnos. Es una tarea que debemos cumplir por nosotros mismos. Ningún acto externo o místico puede salvar al hombre, nada salvo su propia voluntad e inteligencia. Jesús nos mostró el sendero que lleva a una vida más simple, nos mostró el camino hacia la armonía. Y dijo: «Quienes sigan la ley nunca padecerán enfermedades». Por supuesto, sabemos que no podemos estar enfermos si vivimos de acuerdo a la ley de la naturaleza; sabemos que la enfermedad y otras inarmonías vienen sólo si fracasamos en adaptarnos a las fuerzas naturales. Sabemos muy bien que una vida sencilla y natural no sólo se traduce en salud, sino también en independencia. Si todos viviéramos esta vida sencilla y natural, no nos veríamos amenazados por muchos de los peligros y complicaciones de la vida contemporánea. La violencia llegaría a su fin, pues cuando la tierra cubre todas nuestras necesidades vitales y todo lo esencial para nuestra existencia, no hay necesidad de enfrentamientos. No habría explotación y entonces no existirían clases oprimidas, revoluciones ni fenómenos similares. No tendríamos violencia en ninguna forma.

Jesús dijo: «Yo soy el camino, la verdad y la vida». Dio a la humanidad un ideal supremo, que desafortunadamente no hemos podido cumplir y poner en práctica. Enseñó el camino hacia la vida, el camino a la salvación con su humilde nacimiento y con su ejemplo. Mostró a la humanidad que así como año tras año la vida renace en la tierra y en el agua, los hombres deben renacer, renovarse a sí mismos, renacer a una nueva vida al igual que la tierra nace a una nueva vida. Debemos renacer no sólo a un nuevo estilo de vida, sino también a través de nuestros pensamientos y a través de nuestros espíritus, pues así como los alimentos inarmónicos destruyen la armonía de nuestro organismo, los pensamientos negativos, inarmónicos y desagradables, destruyen nuestros espíritus.

Jesús entendía muy bien el hecho de que en nosotros coexiste mucho de nuestros antepasados, y mucho todavía del hombre de Cromagnon y del Homo Neanderlandesis, y tal vez de nuestros ancestros prehistóricos como el ictiosauro y el mastodonte. La totalidad del mecanismo humano, con su sistema nervioso, está bajo la influencia de instintos salvajes heredados que nos invitan a la violencia y al odio en lugar de al amor. Jesús entendía que el hombre es un mecanismo complicado, hecho de varios sentimientos que lo dominan y lo inducen al mal. También se lleva a cabo en el hombre una actividad bastante nueva, que llamamos sentido e inteligencia. Pero la inteligencia humana es muy joven, sólo cuenta con algunos miles de años, mientras que nuestros instintos heredados tienen muchos cientos de miles de años. Así que conocemos el bien, pero en la práctica seguimos haciendo el mal. Pero lo malo que el hombre hace no es su falta, pues lo gobiernan fuerzas ciegas heredadas de sus antiguos ancestros. Así que nosotros debemos ser misericordiosos y perdonar, perdonar una, dos, siete y aún si fuera necesario hasta setenta veces siete. Y encontramos la idea del perdón de los pecados en el centro de las enseñanzas de Jesús. Debemos comprender las imperfecciones humanas de una forma cada vez más perfecta; debemos darnos cuenta que no es nuestra falta si llevamos a cabo actos innobles. Tampoco tenemos derecho a juzgar a otros, ya que ninguno de nosotros es perfecto. «El que esté libre de pecado que arroje la primera piedra». El perdón de los pecados tiene entonces una base muy sólida, a la luz de nuestro conocimiento de las leyes de la herencia biológica.

En objeción a esto podría decirse que el hombre ha progresado realmente muy poco desde los tiempos de Jesús hasta nuestros días, debido al odio, el egoísmo, la violencia y la ignorancia que existe en el mundo actual. Tal vez este ideal supremo

no ha tenido un efecto real en la vida de la humanidad. Aunque yo no diría que semejante objeción podría sustentarse, ya que a pesar de todos los síntomas desfavorables que indudablemente existen, todavía hay esperanza. Así que mientras las palabras del Sermón de la Montaña vivan en los corazones de los hombres, no todo está perdido. A pesar de las guerras, las persecuciones, la negación cotidiana de las enseñanzas de Jesús, no debemos perder la esperanza, ya que en ellas existe una gran fuerza. Si recuerdo bien, fue el poeta inglés Swinburne, quien escribió que sólo existe una gran fuerza que nadie puede encadenar o destruir, y esa gran fuerza es la del pensamiento. ¿Y qué podemos entender por esto? Sabemos muy bien que el pensamiento no es sólo cierto proceso del sistema cerebroespinal, sino que es una energía universal, como la electricidad o el magnetismo, y no estoy tratando de sugerir ningún significado místico al utilizar este término. El organismo humano es un acumulador equipado para almacenar cierto tipo de energía material y crear ciertas formas de energía, en particular una, que llamamos pensamiento. Éstos tienen un gran efecto sobre el organismo humano; los seres humanos con pensamientos armoniosos lo reflejan en sus rostros y en cada uno de sus movimientos. Podemos ver la fuerza transformadora de los pensamientos si los vemos como energías. El organismo humano es capaz de recibir las corrientes de pensamiento al igual que es capaz de recibir corrientes eléctricas, de magnetismo y de luz. El aparato receptor o antena de estas corrientes es el sistema cerebroespinal. Todos nosotros estamos constantemente recibiendo radiaciones de pensamientos y creando nuestras propias corrientes de pensamiento. Por ejemplo, los psicotécnicos contemporáneos, por medio de un aparato muy sensible, pueden medir las diferentes intensidades y calidades del pensamiento. Esta ciencia todavía está en una fase primaria, pero ya ha obtenido resultados exitosos al corroborar que el pensamiento es una forma especifica de energía universal. Podemos realizar un experimento: si estamos en medio de mucha gente que se encuentra en inarmonía, con pensamientos desequilibrados, experimentamos cierta depresión; pero si por el contrario, nos encontramos entre gente bien equilibrada y con pensamientos armoniosos, sin duda tendremos una sensación agradable. Muchas veces no podemos entender por qué nos sentimos bien en compañía de algunas personas y no tan bien cuando estamos cerca de otras.

Ésta es la respuesta: los pensamientos tienen una gran significación. A la luz de las leyes del pensamiento, podemos entender claramente la verdad de las enseñanzas de Jesús; no es necesario cometer un acto pecaminoso, sino que basta con pensarlo. Tener un pensamiento inferior sin una manifestación física, también puede generar fuerzas destructivas, mientras que un buen pensamiento puede generar una fuerza perfecta y armoniosa. Por lo tanto, el mandamiento de «amaos los unos a los otros» implica que debemos tener pensamientos de amor. Este mandamiento también está basado en las leyes de la naturaleza; no es un mandamiento místico o ilógico, ni un postulado meramente moral, sino que se trata de una fuerza directa y real que juega un importante rol en nuestras vidas. Si concebimos pensamientos inarmónicos o violentos en contra de otros, no sólo los lastimamos, sino que nos hacemos daño a nosotros mismos, porque estamos destruyendo nuestro propio organismo y nuestro sistema nervioso. Así, el amor es el núcleo central de las enseñanzas de Jesús. El amor es una ley psico-fisiológica, una ley natural y no sólo un trillado precepto moral.

Los pensamientos que creamos no desaparecen sin más, al igual que la materia tampoco desaparece. Nada que sea energía en sus diversas formas desaparece, ya se trate de electricidad, magnetismo, luz o pensamiento. Y, en realidad, el pensamiento de Jesús y los pensamientos de los primeros cristianos en su pureza original no murieron. Sus pensamientos fueron fuerzas reales, y como tal han sobrevivido. Jesús decía a sus discípulos: «Creed en mí; yo he vencido al mundo». Él venció al mundo porque creó una fuerza sumamente grande y poderosa, una fuerza de pensamiento supremo: la comprensión total de las leyes de la naturaleza.

Las palabras de Jesús, sencillas y naturales, son pensamientos que muestran a la humanidad el camino a la resurrección, a la realización de los verdaderos valores de la vida. No hay nada místico en sus palabras; son sumamente directas, sencillas y profundas, palabras jamás pronunciadas en la historia de la humanidad.

Celebramos su nacimiento el día de Navidad; también celebramos la idea pagana del renacimiento de la tierra y el sol, a la que Jesús anexó el renacimiento del hombre, el renacimiento de nuestros cuerpos y de nuestra salud, el renacimiento de nuestros espíritus. Celebramos el camino a la renovación de toda la humanidad, que nos guiará al Reino de Dios, al reino de la Salvación.

Cuando Jesús hablaba de sí mismo, se llamaba el Hijo del Hombre. «¡El Hijo del Hombre!» ¿Qué significan estas palabras?

Significan el hombre que ha de venir, la transformación del actual hombre imperfecto, del niño egoísta y violento, ignorante de las leyes y fuerzas cósmicas y naturales. Pero si seguimos el camino que Jesús nos enseñó, el hombre nuevo vendrá, llegará el Hijo del Hombre. Él será quien realice el Reino de los Cielos sobre la tierra, el reino de amor y paz, el reino de armonía.

Así de esencial es el significado de la Navidad. La celebramos no sólo como un antiguo festival pagano, sino como mucho más. Celebramos el nacimiento del Maestro, que es símbolo del ideal creativo que ha guiado durante años y años a los elegidos de la humanidad que, instintivamente, más o menos conscientes o simplemente por genialidad, tienen el conocimiento de las leyes naturales.

La Navidad tiene un significado muy profundo. Nos muestra que Jesús tenía mucho que enseñar al hombre moderno, no enseñanzas dogmáticas, sino enseñanzas tan actuales como hace dos mil años. Si él estuviera aquí ahora entre nosotros y nos diera su mensaje con los modismos del lenguaje actual, nos diría: «Os traje amor, y vosotros os odiáis unos a otros. Os dije que quien matara a espada, a espada moriría, y sin embargo organizáis una guerra tras otra. Os enseñé a vivir sencillamente, y habéis construido grandes ciudades, ultrajando a la naturaleza y alejándoos del aire fresco, del sol, del agua y de todas las fuerzas de la naturaleza. Yo os enseñé en la playa, en las orillas de los lagos, en las montañas, y vosotros habéis construido enormes templos de piedra para oficiar vuestras misas. Sané al enfermo y os mostré el camino hacia la salud para que nunca sufriérais enfermedad alguna, y ahora todos

H. PISAN.

estáis enfermos. Nunca antes había existido tanta enfermedad y tantos enfermos como ahora. Os enseñé una vida sencilla y natural, sin riquezas; os enseñé a no preocuparos por el día de mañana, y ahora vosotros acumuláis dinero y posesiones, una casa y otra, sin importaros la explotación del prójimo. Os enseñé las verdaderas leyes de la armonía, las leyes de una vida armoniosa, y ahora hacéis lo contrario a mis enseñanzas. Os reunís en grandes templos y me rezáis y me rogáis ayuda y salvación. ¿No recordáis que os enseñé que la salvación viene de aquél que conoce y sigue la ley? ¿Cómo podría yo salvaros, si vosotros no os salváis a vosotros mismos?»

Tal vez estas serían las palabras de Jesús si estuviera entre nosotros. Hay mucha verdad en ellas y debemos prestarles atención, ya que por negligencia y desatención a sus enseñanzas hemos generado una increíble desgracia en la humanidad y la hemos puesto en gran peligro, un peligro nunca antes visto en toda la historia humana, pues en las manos de un mundo cuya evolución espiritual se ha retrasado enormemente con respecto a su progreso tecnológico, ahora existe el poder para destruir por completo al planeta. Este peligro nunca antes había existido.

Si queremos ser fieles al verdadero espíritu de la Navidad, debemos responder a Jesús: «Realmente hemos hecho mucho mal, y la ley de causa y efecto nos lo cobrará. Serán inevitables grandes trastornos y desastres como consecuencia de nuestra inarmonía y de nuestro desequilibrado estilo de vida; no podemos escapar. Pero esperamos que aquellos cuyos pensamientos y consciencias se mantienen en ideales superiores basados en tus enseñanzas, podrán, después de que la gran tormenta y el desastre hayan pasado, reconstruir de nuevo a la humanidad, de forma que la cultura humana cuente con cimientos verdaderos, en armonía con las leyes de la naturaleza y con ideales morales».

No debemos esperar una salvación mística, sino que después de estos grandes desastres seremos renovados, así como cada año el sol y la vida en la tierra se renuevan, y debemos tener la esperanza de que a través de la fuerza creativa de los pensamientos e ideales que nos dio Jesús el Esenio, éstos serán cumplidos. De esta dura lección debemos aprender cómo ser mejores en el futuro. Debemos reconocer nuestros errores. Ésta debe ser nuestra esperanza; ésta es la única forma mediante la cual podemos hacer soportable el presente antes de que la tormenta estalle. Meditemos sobre todas estas cosas cada Navidad, que no es sino el símbolo de las verdades que Jesús nos enseñó, y que él vivió, hace casi dos mil años.

La Cristiandad y Jesús

Conferencia dictada en 1967, en la Academia de la Vida Creativa, en Mil Robles, California.

El verdadero significado de la palabra «religión» está bellamente expresado por el verbo latino «religere», que significa «conectar». La religión es la conexión del hombre con el océano cósmico de vida, con el universo. Y al conectarse define su rol en el mundo y el propósito de la vida humana; le da sentido a un programa práctico en su vida diaria. En este sentido, la religión es de gran importancia para todos nosotros.

Pero la religión entendida como cientos de dogmas teológicos y una gran variedad de rituales, bien podría representar un obstáculo en el camino de la evolución del hombre. De cualquier forma, la religión no debe rechazarse, sino que debe hacerse una distinción entre su verdadero significado y el significado dogmático, que es el que entiende la mayoría de las personas en la actualidad.

A lo largo de la historia de la humanidad, han existido muchas religiones, aunque las leyes de la vida y del universo son las mismas hoy que hace dos mil o hasta ocho mil años. Las diferentes religiones tratan de expresar estas importantes leyes y sus beneficios para la humanidad. Esa expresión asume diferentes formas según la época, el ambiente, la cultura y la civilización, y según el grado de evolución del hombre en cada periodo. Entre las grandes religiones del mundo podemos contar: el zoroastrismo, las religiones hindúes (Vedismo, Brahmanismo, Budismo), las enseñanzas de Jesús y los Evangelios, las enseñanzas de Moisés, de Confucio y Lao Tse.

Y existe algo en común en ellas: todas comienzan con la aparición de un gran genio, un gran maestro, usualmente en una época en que el horizonte está oscuro y la humanidad busca a tientas su lugar. En esos tiempos el significado y el propósito de la vida eran confusos e inciertos.

Usualmente los grandes genios religiosos surgen en el interregno entre la muerte de una civilización y el nacimiento de otra, con una gran intuición de la vida y del universo. Lo enseñan y lo ejemplifican con su vida, tienen seguidores y la eterna vitalidad de sus mensajes trae sentido y felicidad a la vida de millones de seres. En base a estas enseñanzas surge una gran cultura a través de cientos de años.

Luego, con el paso del tiempo, la belleza y magnificencia de la intuición básica disminuye, pues la capacidad de los seguidores del maestro no es como la suya. Sus interpretaciones añaden incoherencias a la pureza y sencillez de las enseñanzas originales, y así, gradualmente, la intuición llega a ser más estática y se petrifica en un dogma, en tradiciones y en instituciones. La enseñanza disminuye su eficiencia en su rol de transformación en la vida de los hombres, para armonizarlos con las leyes del universo y de la vida.

Luego llega el momento en que aparece otra religión y corre la misma suerte: el dinamismo de la intuición original gradualmente se desvanece, se expande y es adoptada por millones de personas, pero con los años pierde profundidad y calidad. Así, con el tiempo es suplantada por otra.

Dado que las leyes básicas de la vida y el universo están siempre presentes y son las mismas en todas partes, no hay contradicciones entre las grandes religiones de la humanidad. En su pureza y sencillez original, son sólo una. Las contradicciones aparecen después de muchas generaciones, cuando la religión se ha transmitido y deformado por comentarios sobre comentarios sobre comentarios. Así llega a ser cada vez más compleja y limitada, y finalmente es encapsulada en grandes instituciones de carácter rígido. Con el tiempo se vuelve cada vez más formal y más alejada de las intenciones de su fundador. En lugar de reflejar a su creador, refleja la mente de millones de personas que no tienen esa profunda comprensión y sentido intuitivo. Esa es la tragedia de todas las grandes enseñanzas de la humanidad.

Lo que sigue es que cuando queremos analizar y entender una gran religión, debemos primero poner a un lado los miles de dogmas teológicos e ir a la fuente original con toda su sencillez y claridad. Entonces las contradicciones entre los miles de volúmenes oscuros y el verdadero significado de la vida desaparecen, y con ellos las contradicciones que aparentemente existen entre las grandes religiones del mundo. Sólo hay una verdad y está basada en las leyes de la vida y del universo.

Para llegar al corazón de la religión cristiana es necesario viajar al pasado unos dos mil años y tratar de encontrar el núcleo de las grandes enseñanzas relacionadas con el nombre de Jesús. Debemos descubrir que su mensaje fue algo muy diferente a lo que los hombres del siglo XX se imaginan. Hay pues una confusa dualidad: por un lado están las enseñanzas en su pureza original y por otro las enseñanzas como las interpreta el hombre contemporáneo.

Si nos remontamos a los textos originales y examinamos todos estos factores relevantes –geografía, historia, filosofía y exegética– encontramos que Jesús vivió y enseñó ciertas cosas. Si dejamos a un lado todas las teorías e hipótesis, encontramos que estas cosas son muy sencillas (recordemos que las cosas de mayor importancia siempre son las más sencillas). Son tan claras y válidas ahora como lo fueron hace dos mil años y como lo serán dentro de diez mil.

Además funcionan, pues están basadas en las leyes de la vida y del universo. Puestas en práctica, pueden transformar nuestra vida y darle sentido. Pueden resolver nuestros problemas, como resolvieron los problemas de quienes fueron testigos de la vida de Jesús y sus discípulos.

Ahora bien, ¿cuál fue la esencia de la vida y las enseñanzas de Jesús? Jesús no escribió tesis o dogmas teológicos: sus

enseñanzas fueron mucho más dinámicas y vitales; fueron vida. Sobre la base de los textos Evangélicos podemos ver que Jesús siempre explica las leyes de la vida mediante imágenes sacadas de la naturaleza. Sin teorías ni hipótesis, sino con parábolas de vida: éstas fueron sus herramientas, y tuvieron el poder de convencernos inmediatamente de la verdad que implicaban. Estas afirmaciones no necesitan ser verificadas en enciclopedias o en libros eruditos. Sentimos inmediatamente la evidencia de sus palabras. Y es así porque no tratan de pensamientos abstractos, sino que expresan realidades, y es en la realidad donde vivimos. Sus palabras se demuestran a sí mismas.

Un análisis de la vida de Jesús nos muestra que su misión tenía tres aspectos fundamentales: la sanación de los enfermos, la enseñanza a los ignorantes y la práctica del amor creativo en la vida diaria. Vamos a considerar estos tres aspectos de su vida y de su enseñanza. El trabajo de sanación de Jesús se registra en el Evangelio de los Esenios, en un texto arameo del siglo tercero, existente en los archivos de la biblioteca del Vaticano. Una traducción mucho más reciente –en eslavo antiguo– se encontró en la biblioteca de los Hausburgo en Viena. Este texto nos muestra claramente que el aspecto de sanación en el trabajo de Jesús fue una cruzada contra el sufrimiento. Jesús no enseñó un sistema complicado de terapias, ni abrió una escuela de medicina ni de cirugía. No quería hacer una ciencia, no pretendía poner la salud en manos de unos cuantos o encasillarla en una profesión. Él iba y sanaba mediante los métodos más simples, de acuerdo a las leyes de la naturaleza. El Evangelio de los Esenios nos da una explicación clara y sencilla de las bases de la salud humana, de las causas de las enfermedades y de las formas más sencillas de recuperar la salud perdida. Pero sus enseñanzas no eran teóricas: él curaba a la gente por medios tan sencillos que un niño los podía comprender. Su propósito no fue crear un complejo sistema científico al alcance de unos pocos, sino mostrarnos el camino mediante el cual el sufrimiento sería abolido. Además de ayudar a aquellos que no sabían cómo curar sus enfermedades, su tarea más importante fue mostrarles la forma de vivir en el futuro de manera que nunca padecieran otros males. Sus métodos y sus enseñanzas están bellamente descritos en el Evangelio de los Esenios.

El segundo aspecto del trabajo de Jesús fue sus enseñanzas a los ignorantes. Aquí, de nuevo Jesús no crea una universidad ni enseña una formula teórica. No espera que los discípulos vengan a él, sino que sale y enseña por doquier. Al igual que Sócrates enseñaba filosofía en los mercados, plazas y esquinas de Atenas, así Jesús enseñaba en las montañas o en las orillas de los lagos y los ríos. La bóveda celestial fue su iglesia, siempre abierta para todo aquel que quisiera seguir sus palabras. Sus enseñanzas, como sus métodos de sanación, fueron muy simples. Llamaba la atención hacia los hechos de la naturaleza, hablando del trigo, de la higuera o de los campos. Todo lo que él habló era parte de una realidad viviente, una verdad que no podía ser cuestionada por los que la escucharan, ya que sabían que era cierta. Estos ejemplos tomados de la naturaleza ilustran y prueban las leyes de la vida.

Este método natural es lo que da a las enseñanzas de Jesús su validez y su vitalidad, que durará tanto como el hombre viva sobre la tierra, porque está basado en las leyes de la naturaleza y del universo, bases inamovibles, independientes de los años o de las civilizaciones. Explicó el propósito de la vida y el papel del hombre en el universo. Aunque separamos las enseñanzas de las sanaciones, en realidad son una misma cosa: son aspectos gemelos de una misma realidad. Para Jesús, la vida, la salud y las enseñanzas era un todo.

El tercer aspecto de la misión de Jesús fue la presentación del amor creativo al hombre y a la humanidad como ley principal de la vida, a través de sus palabras: Dios es Amor. Este principio es la expresión más simple de una ley cósmica y espiritual, la expresión de un gran poder que existe en el cuerpo humano, donde cada órgano trabaja en beneficio de todo el conjunto. Existe una unidad en el organismo: el poder que llamamos vitalidad es tan solo la expresión del amor, tal como se manifiesta en el organismo humano. Es lo que nos mantiene unidos y lo que sostiene a todo nuestro cuerpo.

Si la humanidad se percatara de ello, el cuerpo humano nos enseñaría una gran lección: si los órganos no cooperaran armoniosamente y comenzaran a pelear unos con otros, el hombre enfermaría y su vida finalizaría. La humanidad también está en peligro de enfermar por los errores que cada persona y cada nación comete al no trabajar unidos y en armonía con la ley. Todo en la naturaleza y en el universo necesita cooperación –los movimientos de los planetas, las estrellas y las nebulosas– requieren de un orden cósmico que se basa en el Amor. De forma similar, en química hay una ley de afinidad que unifica a los diferentes elementos.

Esta gran ley cósmica del Amor es expresada en forma práctica en el Sermón de la Montaña, verdadero título nobiliario de la humanidad. Éste da soluciones a los problemas del hombre. Si la sencillez, pureza y vitalidad de las palabras de Jesús pudieran trasladarse a la vida diaria de cada persona, no habría problemas sobre la tierra, ni guerras, ni violencia, ni persecuciones, ni destrucción. La gente no sufriría ataques nerviosos, ni conflictos y no estaríamos viviendo una época de neurosis e incertidumbre.

Ahora vamos a ver cómo estos aspectos de la vida y de las enseñanzas de Jesús se presentan en la actualidad. Vamos a ver si todos aquellos que proclaman las enseñanzas de Jesús realmente cumplen con ellas. Desafortunadamente encontramos que la gran mayoría de las iglesias y sus ministerios no sanan mediante los sencillos y naturales métodos enseñados y practicados por Jesús y sus discípulos. Encontramos que quienes trabajan en nombre de los Evangelios no utilizan ni el sol, ni el agua, ni el aire, ni los alimentos naturales para aliviar los sufrimientos de la humanidad. En la actualidad este aspecto de la misión de Jesús está casi perdido. Los verdaderos principios de salud no se practican en la vida diaria de los cristianos, ya que comen grasas sobresaturadas, harina blanca, azúcar refinada y otros alimentos de baja calidad, beben y fuman, desviándose del estilo de vida puro y sencillo que llevaban los discípulos y primeros seguidores de Jesús.

Hay una gran contradicción entre el estilo de vida natural y puro de Jesús y el actual estilo de vida complejo y artificial de aquellos que dicen seguirlo.

Actualmente ya no se realizan actos espontáneos de sanación para aliviar el sufrimiento humano. En la civilización cristiana occidental la sanación se ha convertido en un privilegio exclusivo de un grupo de profesionales que cobra una cierta

H. PISAN

cantidad por cada visita. ¿Podemos imaginar a Jesús o a sus discípulos mostrando su factura a cada persona que sanaban? De hecho, hay una gran diferencia entre la espontánea reacción de Jesús ante el sufrimiento y nuestra ciencia artificial y limitada de la profesión de sanar, que no tiene en cuenta que la única forma de mantener una buena salud es cambiar nuestros malos hábitos alimenticios, de vida y pensamiento, por los correctos.

Pero esta dualidad y contradicción entre lo que era y lo que es existe no sólo en el aspecto de curación, sino también en las enseñanzas de Jesús. Ahora se han convertido en algo muy complicado y abstracto. La mayoría de las escuelas y colegios no enseñan sino datos que deben ser memorizados y que no responden a las verdaderas necesidades de la vida. Las escuelas no nos enseñan a vivir en armonía con las leyes de la naturaleza, sino que en lugar de eso aprendemos conocimientos altamente especializados con terminología compleja. Y mucha de la información que absorbemos no tiene relación alguna con los verdaderos problemas de la vida. Cuando nos graduamos en la universidad, nuestras memorias están llenas de miles de temas teóricos, que no son sino conocimientos estáticos. Si nuestras vidas se van a basar exclusivamente en esa compleja masa de conocimientos, nos encontraremos con el fracaso.

Nuestra primera tarea debe ser, al terminar la educación formal, tratar de olvidar todas las cosas erróneas que nos han sido enseñadas y aprender a través de la experiencia las verdaderas leyes de la naturaleza y de la vida. La enseñanza, en la actualidad, no es la cosa hermosa y sencilla impartida por

Jesús. Ya no se da en las montañas ni a la orilla de los lagos; ahora se basa en teorías complejas y en hipótesis, en la clasificación y en una incoherente masa de hechos estáticos.

La caótica situación de la humanidad actual muestra claramente que nuestro sistema de educación ha fallado en su meta de orientarnos para la vida, de darnos felicidad. Ahora el hombre carece de base: piensa intuitivamente que las actuales enseñanzas de las iglesias y la educación institucional no son suficientes. Siente que no son reales y ha dejado de creer en ellas, pero no sabe por qué sustituirlas y simplemente acepta vivir en la incertidumbre. Así, vive día tras día como una hoja caída, arrastrada por el viento, o como un superviviente de un naufragio que es arrastrado por las olas. Las viejas tradiciones están muertas y las nuevas todavía no han nacido. Hay una desorientación generalizada.

Sin ser capaces de dirigir sus propias vidas, la gente no es consciente de lo que quiere o de cuál debería ser su propósito. Esta desorientación generalizada nos muestra el fracaso de los presentes métodos e instituciones de enseñanzas. Encontramos en ellas otro gran dualismo: nuestras caóticas enseñanzas están contrapuestas a las enseñanzas de Jesús, en su pureza y sencillez original. Jesús trajo felicidad a la vida de los hombres; nosotros, con nuestros métodos, no podemos lograrla.

Volvamos al tercer aspecto de la misión de Jesús: el establecimiento del amor creativo como fundamento y base de la vida del hombre y de la humanidad. Lo estableció y lo probó en cada acto de su vida. Dijo: «En esto conocerán todos que sois mis discípulos, si tuviéreis amor los unos con los otros». Pero no sólo enseñó esta verdad, sino que la vivió. En la actualidad vemos en todas partes la negación de este principio. Vemos la desviación de esta ley cósmica del amor: vemos poca cooperación, pero mucha competencia y lucha. Vemos más odio que amor.

Vemos al hombre contra el hombre y a la nación contra la nación. Vemos a los cristianos –seguidores profesos de Jesús– en cada continente y en cada nación, organizándose para luchar unos contra otros. Sólo podemos concluir que hemos fallado miserablemente en poner en práctica los preceptos del Sermón de la Montaña en nuestras vidas. Nosotros, cristianos occidentales, no merecemos ser llamados seguidores de Jesús, pues lo somos sólo de palabra. No ejemplificamos el amor creativo que Jesús y los primeros cristianos practicaron en cada momento de sus vidas.

Hemos fallado tan estrepitosamente que el poder técnico de que disponemos nos está llevando a la ruina; la energía nuclear sin ser equilibrada por el poder espiritual del Sermón de la Montaña señala una catástrofe. El poder técnico que hemos logrado no nos libera de los requerimientos de la ética: si el principio ético del amor creativo no está en la base de la vida humana, si no llevamos a la práctica las enseñanzas del Sermón de la Montaña, pereceremos a pesar de nuestro gran conocimiento científico y tecnológico. Pereceremos porque nos hemos desviado de la gran ley cósmica del amor.

En este tercer aspecto de la misión de Jesús encontramos otra vez una dualidad. Cada mañana de domingo se congregan cientos de iglesias para escuchar parte de los evangelios; después, sus miembros vuelven a su vida cotidiana y olvidan el significado de lo que han oido. La verdadera cristiandad no es algo limitado al sermón o a la congregación de los domingos:

es un estilo de vida. No es algo limitado a algunas horas en particular, sino que tiene que manifestarse en cada momento. Tenemos que poner toda nuestra vida al servicio de la gran ley cósmica de amor creativo, así como Jesús y sus discípulos lo hicieron, sin formas o credos, sin textos teológicos ni dogmas.

A la luz de estos tres aspectos de la misión de Jesús y viendo lo que ha ocurrido con su mensaje en nuestros días, podemos hablar de dos Jesús: del que vivió como si viviera para siempre y cuyas enseñanzas tienen validez y vitalidad universal, y del representado por las doctrinas teológicas, por las organizaciones e instituciones religiosas. Éste último es la figura imaginaria que hemos creado durante dos mil años.

Nuestra tarea no es abolir al primero, al verdadero Jesús, es el mayor tesoro jamás entregado a la humanidad, sino tratar con toda humildad y entendimiento de apreciar nuestros errores a fin de seguirlo. Debemos tratar de volver a la pureza y a la sencillez original de su mensaje, volver a la verdad que Jesús nos enseñó. «El camino, la verdad y la vida», tal como lo fue en su tiempo, así es ahora, y así será mientras el hombre exista sobre este planeta, pues su mensaje está basado en una ley eterna, en la totalidad de las leyes de la vida y del universo. No hay otra verdad que no sea ésta, expresada para nosotros en el hermoso libro abierto de la naturaleza, en el cuerpo y en la mente del hombre, en las estrellas y en el cosmos. Esta verdad está basada en una intuición eterna. Si nos desviamos de la Ley, no es la ley quien sufrirá, sino nosotros. Si al menos pudiéramos entender los síntomas presentes de incertidumbre universal, neurosis y carencia de objetivo, si al menos pudiéramos reconocer que sus causas son nuestras desviaciones de las maravillosas enseñanzas del hombre de Galilea y que su cura es el retorno a la simplicidad y a la pureza de sus enseñanzas, entonces la dualidad de los dos Jesús desaparecería, y sólo tendríamos un único Jesús, el verdadero y el original, que ilustró con su vida la herencia divina de toda la humanidad.

Índice